文部科学省後援

実用フランス語技能検定試験

2024年度版

1級・準1級

仏検公式ガイドブック

傾向と対策＋実施問題

フランス語教育振興協会編

公益財団法人フランス語教育振興協会

音声について

本書の音声は、下記サイトより無料でダウンロード、
およびストリーミングでお聴きいただけます。

https://stream.e-surugadai.com/books/isbn978-4-411-90306-8/

＊ご注意
- PC からでも、iPhone や Android のスマートフォンからでも音声を再生いただけます。
- 音声は何度でもダウンロード・再生いただくことができます。
- 当音声ファイルのデータにかかる著作権・その他の権利は公益財団法人フランス語教育振興協会（駿河台出版社）に帰属します。無断での複製・公衆送信・転載は禁止されています。

別売 CD について

無料音声ダウンロードと同じ内容の別売 CD（1 部 2 千円税・送料込）をご用意しております。ご希望の方は、級・住所・連絡先を記入のうえ、仏検事務局まで現金書留をお送りください。

公益財団法人フランス語教育振興協会　仏検事務局
〒102–0073　千代田区九段北 1–8–1 九段 101 ビル

まえがき

21世紀はグローバル化の時代といわれます。そうであれば、世界から孤立せず、世界と対話し、平和で豊かな未来を切り拓くために、今こそさまざまな外国語をマスターしていくべきではないでしょうか。現代は多言語・多文化の世界へと移行しつつあり、そのなかでお互いを尊重しながら共生を目指すことが要請されているのです。英語一辺倒の方針では限界があるのは明らかでしょう。

世界の言語のなかでもとりわけフランス語は、フランスだけでなく、いくつもの国々や地域で話され、また、国連をはじめとする国際機関の公用語としても使われている重要な言語のひとつです。さらに、フランス語は、人類にとって普遍的な価値や独創的な文化を担ってきた言語でもあります。2021年に東京で開かれたオリンピック・パラリンピックは、2024年にはパリで開催されますが、とりわけオリンピックの第一公用語はフランス語です。開会式では、開催国の言語のほかフランス語と英語で出場国が紹介されますが、その際、最初にアナウンスされるのはフランス語なのです。2024年には、多くの人々がパリを訪れるでしょう。皆さんもこれを機にフランス語を学び、ぜひフランスに触れてみてください。たとえ現地に行かなくとも、いまはインターネットなどさまざまなコミュニケーションの手段があります。かならずや多くの貴重な体験が得られるはずです。

ビジネスの世界では、フランス語圏の企業が次々に日本に進出してくる一方、日本の企業もフランス語圏に広く展開しています。トヨタ、ユニクロ、無印良品のフランス進出などはその典型的な例です。いまや英語ができてあたりまえとされるビジネスの世界にあって、さらにフランス語も使いこなせるとなれば、チャンスがさらに広がることはまちがいないでしょう。他方、フランス語をマスターしてアフリカ諸国で国際協力、援助活動に従事している人も少なくありません。このようにフランス語を学び使いこなせるようになることは、自分の人生をより豊かに生きる道につながります。

日本の学習者を対象とし、文部科学省とフランス大使館文化部の後援を受けて、1981年以来実施されている「仏検」は、フランス語を聞き・話し・読み・書く能力をバランスよく客観的に評価する検定試験として、ますます高い評価を受けています。1 級・準 1 級・2 級・準 2 級・3 級・4 級・5 級の 7 段階を合わせて、これまで累計 95 万人以上が受験しています。また、大学の単位認定や編入学試験、大学院入試等に利用されるケースも多くなっています（多数の学生が受験している学校のリストが巻末にありますので、ご参照ください）。

本書は、1 級・準 1 級の「傾向と対策」と 2023 年度春季・秋季に実施した試験問題、およびそれについてのくわしくていねいな解説と解答を掲載した公式ガイドブックです。

なお、書き取り・聞き取り試験の音声を無料でダウンロードすることができます（別売の CD をご希望の方は、仏検事務局までお問合せください）。

本書の執筆分担は以下のとおりです（* は各級の監修者）。

1 級：足立和彦・井上櫻子 *
準 1 級：大森晋輔・倉方健作 *

また、本書の別冊として、これまでの実施問題を精選して詳細な解説を施した『セレクション』が級毎に刊行されています。フランス語の実力アップと仏検合格のために、2 つの公式ガイドブックをどうぞご活用ください。

2024 年 3 月

公益財団法人　フランス語教育振興協会

目　次

実用フランス語技能検定試験　実施要領

実用フランス語技能検定試験（仏検）は、年 2 回、春季（1 次試験 6 月・2 次試験 7 月）と秋季（1 次試験 11 月・2 次試験 1 月）に実施しております。ただし、1 級は春季のみ、準 1 級は秋季のみの実施です。

2 次試験は 1 級・準 1 級・2 級・準 2 級の 1 次試験合格者が対象です。なお、隣り合う 2 つの級まで併願が可能です。

また、出願の受付期間は、通常、春季は 4 月から 5 月中旬、秋季は 9 月から 10 月中旬です。

◆ 各級の内容

1 級 （春季のみ）	《1 次》	筆記試験（記述式・客観形式併用）	120 分
		書き取り・聞き取り試験	約 40 分
	《2 次》	面接試験	約 9 分
準 1 級 （秋季のみ）	《1 次》	筆記試験（記述式・客観形式併用）	100 分
		書き取り・聞き取り試験	約 35 分
	《2 次》	面接試験	約 7 分
2 級	《1 次》	筆記試験（記述式・客観形式併用）	90 分
		書き取り・聞き取り試験	約 35 分
	《2 次》	面接試験	約 5 分
準 2 級	《1 次》	筆記試験（記述式・客観形式併用）	75 分
		書き取り・聞き取り試験	約 25 分
	《2 次》	面接試験	約 5 分
3 級		筆記試験（客観形式・記述式）	60 分
		聞き取り試験	約 15 分
4 級		筆記試験（客観形式）	45 分
		聞き取り試験	約 15 分
5 級		筆記試験（客観形式）	30 分
		聞き取り試験	約 15 分

◆ 受験地（2024 年度春季〈予定〉）

1 次試験　札幌、弘前、盛岡、仙台、秋田、福島、宇都宮、群馬、草加、千葉、東京、新潟、富山、金沢、甲府、松本、岐阜、静岡、名古屋、京都、大阪、奈良、松江、岡山、広島、高松、松山、福岡、長崎、熊本、別府、薩摩川内、沖縄

2 次試験　札幌、盛岡、仙台、群馬、東京、新潟、金沢、静岡、名古屋、京都、大阪、松江、岡山、広島、高松、福岡、長崎、熊本、沖縄

＊上記の受験地は、季ごとに変更となる可能性があります。また、会場によって実施される級がことなる場合がありますので、くわしくは、最新の仏検受験要項・願書またはAPEF のホームページをご覧ください。

＊最終的な受験地・試験会場の詳細は、受験票の発送をもってお知らせします。

◆ 出願方法　下記の 2 つの方法からお選びください

1. **インターネット申込**：詳細は APEF のホームページをご覧ください。
2. **郵送申込**：受験要項・願書を入手→検定料納入→願書提出、の順でお手続きください。

＊全国の仏検特約書店・大学生協では願書・要項を配布、あわせて検定料の納入を受け付けております。

＊願書・要項は仏検事務局へ電話・E-mail 等で請求なさるか、APEF ホームページよりダウンロードして入手なさってください。

◆ 合否の判定とその通知

級によりことなりますが、60～70％の得点率を目安に出題するように努めています。各級の合格基準は、審査委員会がさまざまな条件を総合的に判断して決定しています。

結果通知には合否のほか、合格基準点、合格率とご本人の得点が記載されます。

◆ お問い合わせ先

公益財団法人　フランス語教育振興協会（APEF）　仏検事務局

〒 102-0073　東京都千代田区九段北 181　九段 101 ビル
TEL:　03-3230-1603　　FAX:　03-3239-3157
E-mail: dapf@apefdapf.org
URL:　https://apefdapf.org

2023 年度仏検受験状況

級（季）	出願者数	1 次試験			1 次試験免除者数	2 次試験		
		受験者数	合格者数	合格率		受験者数	合格者数	最終合格率
1 級	500 名	451 名	56 名	12.4%	10 名	63 名	56 名	12.2%
準 1 級	810 名	707 名	188 名	26.6%	29 名	196 名	143 名	20.0%
2 級（春）	1,021 名	892 名	324 名	36.3%	22 名	328 名	277 名	30.9%
（秋）	1,160 名	1,006 名	374 名	37.2%	39 名	387 名	323 名	31.7%
準 2 級（春）	1,159 名	993 名	591 名	59.5%	48 名	615 名	547 名	53.8%
（秋）	1,364 名	1,195 名	701 名	58.7%	46 名	706 名	600 名	50.0%
3 級（春）	2,187 名	1,936 名	1,282 名	66.2%				
（秋）	2,475 名	2,209 名	1,332 名	60.3%				
4 級（春）	1,704 名	1,529 名	1,205 名	78.8%				
（秋）	2,892 名	2,667 名	2,108 名	79.0%				
5 級（春）	1,325 名	1,213 名	1,046 名	86.2%				
（秋）	1,910 名	1,779 名	1,368 名	76.9%				

＊ 1 級は春季のみ、準 1 級は秋季のみ

1級

1 級の内容と程度

程 度

「読む」「書く」「聞く」「話す」という能力を高度にバランスよく身につけ、フランス語を実地に役立てる職業で即戦力となる。ヨーロッパ言語共通参照枠（CEFR）の C1/C2 にほぼ対応しています。

標準学習時間：600 時間以上

試験内容

読　む	現代フランスにおける政治・経済・社会・文化の幅広い領域にわたり、新聞や雑誌の記事など、専門的かつ高度な内容の文章を、限られた時間のなかで正確に読み取ることができる。
書　く	あたえられた日本語をフランス語としてふさわしい文に翻訳できる。その際、時事的な用語や固有名詞についての常識も前提となる。
聞　く	ラジオやテレビのニュースの内容を正確に把握できる。広く社会生活に必要なフランス語を聞き取る高度な能力が要求される。
話　す	現代社会のさまざまな問題について、自分の意見を論理的に述べ、相手と高度な議論が展開できる。
文法知識	文の書きかえ、多義語の問題、前置詞、動詞の選択・活用などについて、きわめて高度な文法知識が要求される。

語彙：制限なし

試験形式

1 次試験（150 点）

筆　記	問題数 9 問、配点 100 点。試験時間 120 分。記述式、一部マークシート方式。
書き取り	問題数 1 問、配点 20 点。試験時間（下記聞き取りと合わせて）約 40 分。
聞き取り	問題数 2 問、配点 30 点。語記入、マークシート方式。

2 次試験（50 点）

個人面接試験	あたえられたテーマのなかから 1 つを選び、論述と質疑応答をおこなう。 試験時間約 9 分。

1 級の傾向と対策

「1 級の内容と程度」（p.13）にも示すように、仏検 1 級は、合格者のフランス語運用能力が、「フランス語を実地に役立てる職業で即戦力となる」レベルにあることを認定するもので、実際に 2013 年度から、1 級合格者に対して、通訳案内士外国語筆記試験が免除されています。

標準学習時間は「600 時間以上」とされていますが、この数字はあくまで目安にすぎず、1 級の試験では、受験者が、どこまでフランス語という言語で考え、また表現することにこだわりをもっているか、という点が如実にためされることになります。たとえば文章の読解にしても、1 級の試験が前提にしているのは、フランス語を日本語に置きかえるのではなく、フランス語をフランス語のまま理解し、場合によっては文章の行間にも目を向けて言外のニュアンスを汲み取るということですから、付け焼き刃の知識では歯が立たないことは言うまでもありません。とはいえ、試験である以上、出題には一定の傾向があり、とりわけ 1 次試験の場合、過去の問題にあたって出題の要点をおさえておくことは有効な対策になるはずです。

1 級の 1 次試験（150 点満点）は、

筆記試験 [1] ～ [9]（100 点満点）
書き取り（20 点満点）
聞き取り [1]、[2]（30 点満点）

の 12 の大問から構成されています。

このうち筆記 [1]（名詞化）および [9]（和文仏訳）では**文または文章の構成力**が、筆記 [2]（多義語）、[3]（前置詞）および [4]（時事用語・常用語）では主として**語彙の知識**が問われることになりますが、筆記 [5]（動詞活用）、[6]（長文完成）、[7]（内容一致）、[8]（日本語要約）および書き取り、聞き取り [1]、[2] では、問題の形式はそれぞれことなるものの、いずれも**長文の内容の把握**が解答の前提になります。見方を変えて言えば、1 級の試験では、ほとんどの設問で**文脈の理解**と内容の**パラフレーズ**のいずれか —— またはその双方 —— が問題になるということです。以下、この点を念頭に置いたうえで、2023 年度の「問題と解説」を熟読し、それぞれの問題の解法の要点をおさえるようにしてください。また、1 次試験の各問については、本書の別冊である『仏検公式ガイドブック1級セレクション』にくわしい分析と解説がありますので、ぜひこちらも参照してください。

なお、1級1次試験の合格基準点は、例年、85～90点前後（得点率56～60％程度）で推移しており、およそ6割の得点率が1次試験突破の目安と言ってよいでしょう。

解答用紙（雛型）（67%縮小）

表面

2023年度　春季　実用フランス語技能検定試験（1級）筆記試験　解答用紙

会　場　名

氏　名

会場コード					
⓪	⓪	⓪	⓪	⓪	⓪
①	①	①	①	①	①
②	②	②	②	②	②
③	③	③	③	③	③
④	④	④	④	④	④
⑤	⑤	⑤	⑤	⑤	⑤
⑥	⑥	⑥	⑥	⑥	⑥
⑦	⑦	⑦	⑦	⑦	⑦
⑧	⑧	⑧	⑧	⑧	⑧
⑨	⑨	⑨	⑨	⑨	⑨

受験番号							
⓪	⓪	⓪	⓪	⓪	⓪	⓪	⓪
①	①	①	①	①	①	①	①
②	②	②	②	②	②	②	②
③	③	③	③	③	③	③	③
④	④	④	④	④	④	④	④
⑤	⑤	⑤	⑤	⑤	⑤	⑤	⑤
⑥	⑥	⑥	⑥	⑥	⑥	⑥	⑥
⑦	⑦	⑦	⑦	⑦	⑦	⑦	⑦
⑧	⑧	⑧	⑧	⑧	⑧	⑧	⑧
⑨	⑨	⑨	⑨	⑨	⑨	⑨	⑨

記入およびマークについての注意事項

1. 解答にはかならずHBまたはBの黒鉛筆（シャープペンシルも可）を使用してください。ボールペンや万年筆等でマークした解答は機械による読み取りの対象とならないため、採点されません。
2. 記入は**太線の枠内**に、マークは◯の中を**正確に塗りつぶしてください**（下記マーク例参照）。
採点欄は塗りつぶさないでください。
3. 訂正の場合は、プラスチック製消しゴムできれいに消してください。
4. **解答用紙を折り曲げたり、破ったり、汚したりしないでください。**

マーク例

良い例	悪い例

1

解答番号	解　答　欄	採点欄
(1)		⓪ ① ② ③
(2)		⓪ ① ② ③
(3)		⓪ ① ② ③
(4)		⓪ ① ② ③

2

解答番号	解　答　欄	採点欄
(1)		② ⓪
(2)		② ⓪
(3)		② ⓪
(4)		② ⓪

3

解答番号	解　答　欄
(1)	① ② ③ ④ ⑤ ⑥ ⑦ ⑧
(2)	① ② ③ ④ ⑤ ⑥ ⑦ ⑧
(3)	① ② ③ ④ ⑤ ⑥ ⑦ ⑧
(4)	① ② ③ ④ ⑤ ⑥ ⑦ ⑧

4

解答番号	解　答　欄	採点欄
(1)		① ⓪
(2)		① ⓪
(3)		① ⓪
(4)		① ⓪
(5)		① ⓪

5

解答番号	解　答　欄	採点欄
(1)		② ⓪
(2)		② ⓪
(3)		② ⓪
(4)		② ⓪
(5)		② ⓪

6

解答番号	解　答　欄
(1)	① ② ③ ④ ⑤ ⑥ ⑦ ⑧
(2)	① ② ③ ④ ⑤ ⑥ ⑦ ⑧
(3)	① ② ③ ④ ⑤ ⑥ ⑦ ⑧
(4)	① ② ③ ④ ⑤ ⑥ ⑦ ⑧
(5)	① ② ③ ④ ⑤ ⑥ ⑦ ⑧

7

解答番号	解答欄
(1)	① ②
(2)	① ②
(3)	① ②
(4)	① ②
(5)	① ②
(6)	① ②

8

解答番号	採　点　欄
(1)	⓪ ① ② ③ ④ ⑤
(2)	⓪ ① ② ③ ④ ⑤
(3)	⓪ ① ② ③ ④ ⑤

9

採　点　欄
⓪ ① ② ③ ④ ⑤ ⑥ ⑦ ⑧ ⑨
⑩ ⑪ ⑫ ⑬ ⑭ ⑮ ⑯ ⑰ ⑱ ⑲ ⑳

8 9 の解答欄は裏面にあります。

裏面

8

(1)

(2)

(3)

9

表面

2023年度　春季　実用フランス語技能検定試験（1級）書き取り／聞き取り 試験　解答用紙

会　場　名

氏　名

会場コード					
⓪	⓪	⓪	⓪	⓪	⓪
①	①	①	①	①	①
②	②	②	②	②	②
③	③	③	③	③	③
④	④	④	④	④	④
⑤	⑤	⑤	⑤	⑤	⑤
⑥	⑥	⑥	⑥	⑥	⑥
⑦	⑦	⑦	⑦	⑦	⑦
⑧	⑧	⑧	⑧	⑧	⑧
⑨	⑨	⑨	⑨	⑨	⑨

受験番号							
⓪	⓪	⓪	⓪	⓪	⓪	⓪	⓪
①	①	①	①	①	①	①	①
②	②	②	②	②	②	②	②
③	③	③	③	③	③	③	③
④	④	④	④	④	④	④	④
⑤	⑤	⑤	⑤	⑤	⑤	⑤	⑤
⑥	⑥	⑥	⑥	⑥	⑥	⑥	⑥
⑦	⑦	⑦	⑦	⑦	⑦	⑦	⑦
⑧	⑧	⑧	⑧	⑧	⑧	⑧	⑧
⑨	⑨	⑨	⑨	⑨	⑨	⑨	⑨

記入およびマークについての注意事項

1. 解答にはかならずHBまたはBの黒鉛筆（シャープペンシルも可）を使用してください。ボールペンや万年筆等でマークした解答は機械による読み取りの対象とならないため、採点されません。
2. 記入は**太線の枠内**に、マークは◯の中を**正確に塗りつぶしてください**（下記マーク例参照）。
   採点欄は塗りつぶさないでください。
3. 訂正の場合は、プラスチック製消しゴムできれいに消してください。
4. **解答用紙を折り曲げたり、破ったり、汚したりしないでください。**

マーク例

良い例	悪い例
●	

書き取り試験注意事項　（書き取り試験解答欄は裏面にあります。）

フランス語の文章を、次の要領で３回読みます。全文を書き取ってください。

- １回目は、ふつうの速さで全文を読みます。内容をよく理解するようにしてください。
- ２回目は、ポーズをおきますから、その間に書き取ってください（句読点も読みます）。
- 最後に、もう１回ふつうの速さで全文を読みます。
- 読み終わってから３分後に、聞き取り試験にうつります。
- 数を書く場合は、算用数字で書いてかまいません。（配点　20）

書き取り試験

採　点　欄
⓪ ① ② ③ ④ ⑤ ⑥ ⑦ ⑧ ⑨
⑩ ⑪ ⑫ ⑬ ⑭ ⑮ ⑯ ⑰ ⑱ ⑲ ⑳

聞き取り試験

1

解答番号	解　答　欄	採点欄
(1)		② ⓪
		② ⓪
(2)		② ⓪
		② ⓪
(3)		② ⓪
		② ⓪
(4)		② ⓪
		② ⓪
(5)		② ⓪
		② ⓪

2

解答番号	解　答　欄	解答番号	解　答　欄
(1)	① ②	(6)	① ②
(2)	① ②	(7)	① ②
(3)	① ②	(8)	① ②
(4)	① ②	(9)	① ②
(5)	① ②	(10)	① ②

裏面

1級書き取り試験　解答欄

2023年度春季
実用フランス語技能検定試験
筆記試験問題冊子　〈１級〉

問題冊子は試験開始の合図があるまで開いてはいけません。

筆　記　試　験		10時20分～12時20分 (休憩20分)
書き取り 聞き取り	試験	12時40分から約40分間

◇**筆記試験と書き取り・聞き取り試験の双方を受験しないと欠席になります。**

◇問題冊子は表紙を含め12ページ、全部で9問題です。

注　意　事　項

1 途中退出はいっさい認めません。

2 筆記用具は**HBまたはBの黒鉛筆**(シャープペンシルも可)を用いてください。ボールペンや万年筆等でマークした解答は機械による読み取りの対象とならないため、採点されません。

3 解答用紙の所定欄に、**受験番号**と**カナ氏名**が印刷されていますから、まちがいがないか、**確認**してください。

4 **マーク式の解答は、解答用紙の解答欄にマークしてください。**たとえば、3の(1)に対して③と解答する場合は、次の例のように解答欄の③にマークしてください。

例 **3**

解答番号	解答欄
(1)	①　②　●　④　⑤　⑥　⑦　⑧

5 記述式の解答の場合、正しく判読できない文字で書かれたものは採点の対象となりません。

6 解答に関係のないことを書いた答案は無効にすることがあります。

7 解答用紙を折り曲げたり、破ったり、汚したりしないように注意してください。

8 問題内容に関する質問はいっさい受けつけません。

9 不正行為者はただちに退場、それ以降および来季以後の受験資格を失うことになります。

10 **携帯電話等の電子機器の電源はかならず切って、かばん等にしまってください。**通信機能のある時計は使用を禁じます。

11 **時計のアラームは使用しないでください。**

12 この試験問題の複製(コピー)を禁じます。また、この試験問題の一部または全部を当協会の許可なく他に伝えたり、漏えいしたりすることを禁じます(インターネットや携帯サイト等に掲載することも含みます)。

1　例にならい、次の (1) ～ (4) のイタリック体の部分を名詞を使った表現に変え、全文をほぼ同じ内容の文に書きあらためて、解答欄に書いてください。(配点　12)

(例) : Pourquoi *a*-t-on *renvoyé* Jacques ?
→ (解答) : Quelles sont les raisons du renvoi de Jacques ?

(1) Ils ne seraient pas heureux s'ils restaient *oisifs*.

(2) Le dentiste m'a dit que je ferais mieux de *me rincer* la bouche quotidiennement.

(3) Pourquoi a-t-elle les jambes *gonflées* ?

(4) Vous pouvez porter plainte quand un chien vous *mord*.

(解説・解答 ▶ p.40)

2　次の (1) ～ (4) について、**A**、**B** の (　　) 内には同じつづりの語が入ります。(　　) 内に入れるのにもっとも適切な語 (各 1 語) を、解答欄に書いてください。(配点　8)

(1) **A**　Au déjeuner, ma mère avait (　　) son vin avec de l'eau.
B　Le courant a brutalement été (　　) au milieu de la matinée.

(2) **A**　Ce symptôme est caractéristique du stade (　　) de la maladie.
B　Elle a poussé un cri si (　　) que tout le monde s'est retourné.

(3) **A**　Je ne sais pas combien de (　　) il faut par jour pour un nouveau-né.
B　Les (　　) géologiques de cette région sont particulièrement riches en fossiles.

(4) **A**　La nuit, tu devrais fermer le (　　) roulant du garage.
B　La sortie du troisième (　　) de cette trilogie est très attendue.

（解説・解答 ▶ p.42）

3　次の (1) ～ (4) の (　　) 内に入れるのにもっとも適切なものを、下の ① ～ ⑧ のなかから 1 つずつ選び、解答欄のその番号にマークしてください。ただし、同じものを複数回用いることはできません。なお、① ～ ⑧ では、文頭にくるものも小文字にしてあります。(配点　8)

(1) En proie (　　) l'insomnie, la malheureuse s'est affaiblie.

(2) Ma fille sait très bien me prendre (　　) les sentiments.

(3) Quand on discute de politique, Christian est toujours (　　) la défensive.

(4) (　　) sa situation actuelle, il vaut mieux le laisser tranquille.

① à　② après　③ de　④ en
⑤ moyennant　⑥ par　⑦ sur　⑧ vu

(解説・解答 ▶ p.44)

4　次の日本語の表現 (1) ～ (5) に対応するフランス語の表現は何ですか。(　　) 内に入れるのにもっとも適切な語 (各 1 語) を、解答欄に書いてください。(配点　5)

(1) アフターピル　la pilule du (　　)

(2) 公海　la (　　) mer

(3) 購買力　le (　　) d'achat

(4) 情状酌量　les circonstances (　　)

(5) 長距離走　une course de (　　)

(解説・解答 ▶ p.45)

5 次の文章を読み、(1) ～ (5) に入れるのにもっとも適切なものを、下の語群から1つずつ選び、必要な形にして解答欄に書いてください。ただし、同じものを複数回用いることはできません。(配点 10)

Mardi 9 mai 2023, un homme de 22 ans a été conduit au Médipôle Lyon-Villeurbanne en état de mort cérébrale. Selon *Le Progrès*, il aurait été violemment battu par trois individus. Apparemment, tout (1) de la vente d'une moto.

Il était 16 h 30 lorsque quatre personnes, parmi lesquelles la victime, se sont présentées dans le square Général Delfosse, lieu de rendez-vous fixé par les trois vendeurs de la moto. Deux d'entre elles ont alors volé le deux-roues. Furieux, les vendeurs (2) la victime, avant de prendre la fuite à l'arrivée de la police.

Le jeune homme de 22 ans a été retrouvé inconscient par terre, (3) notamment des blessures au niveau de la tête. Les pompiers sont intervenus pour le secourir. Un témoin de la scène a évoqué un homme avec un T-shirt rouge parmi les vendeurs qui ont fui à bord d'une Renault.

Les forces de l'ordre (4) une opération de surveillance devant le logement du propriétaire du véhicule, quand elles ont vu l'homme vêtu d'un T-shirt rouge revenir chez lui avec ladite voiture. Également âgé de 22 ans, il a été interpellé et placé en garde à vue pour « violence en réunion ». L'enquête se poursuit actuellement pour que ses complices (5) au plus vite.

attaquer	identifier	libérer	mener
ouvrir	partir	présenter	remarquer

(解説・解答 ▶ p.47)

6 次の文章を読み、(1)～(5)に入れるのにもっとも適切なものを、右のページの ① ～ ⑧ のなかから1つずつ選び、解答欄のその番号にマークしてください。(配点 10)

Dans le nouveau rapport spécial du Groupe d'experts intergouvernemental sur l'évolution du climat (GIEC) qui a été rendu public hier, des scientifiques et représentants gouvernementaux abordent la question du lien entre sécurité alimentaire et changement climatique. Avant même la sortie de ce document et des recommandations qui vont avec, une équipe allemande a réalisé une étude démontrant (1) sur les systèmes alimentaires des pays qui émettent le moins de CO2. Dans ce classement, on retrouve des États en crise alimentaire comme le Burundi, la République démocratique du Congo, Madagascar ou le Yémen. Selon l'étude, ils génèrent moins d'une demi-tonne de dioxyde de carbone par personne chaque année et représentent, au total, seulement 0,08 % des émissions mondiales. Meilleur exemple : le Burundi. Le pays est le moins bien classé en matière de sécurité alimentaire et aussi celui qui produit le moins de CO2 par personne et par an. Ainsi, une personne vivant en Arabie saoudite émet (2) que 718 Burundais.

« Nos recherches montrent que l'augmentation des concentrations de dioxyde de carbone dans l'atmosphère réduit la qualité nutritionnelle des aliments que nous consommons et que les personnes les plus vulnérables à ces conséquences sont (3) », a déclaré le docteur Dörr, chef de l'équipe du GIEC. Pour reprendre l'exemple du Burundi, (4), déjà largement précarisée par les conflits et les crises politiques, s'y retrouve encore plus menacée par les longues pénuries de précipitations, les inondations, et l'érosion des sols. Les scientifiques dénoncent ainsi (5). Ce rapport du GIEC montre une nouvelle fois que la menace est grave et l'action impérative.

① la même quantité de dioxyde de carbone

② la sécurité alimentaire

③ le réchauffement de la planète

④ les impacts disproportionnés du changement climatique

⑤ les moins responsables de cette augmentation

⑥ l'habitat des moustiques ou des rats

⑦ une diminution spectaculaire des réserves d'eau

⑧ une injustice climatique flagrante

（解説・解答 ▶ p.50）

7 次の文章を読み、右のページの (1) ～ (6) について、文章の内容に一致する場合は解答欄の ① に、一致しない場合は ② にマークしてください。(配点　12)

Le concept de la culture en bâtiment est séduisant mais reste marginal en France. L'agriculture verticale, dont l'emprise au sol est réduite, est présentée par ses promoteurs comme une solution à la pression sur les terres. Mais ce modèle compte aussi ses détracteurs, qui le considèrent comme un gadget coûteux et, pour les cas les plus technologiques, trop gourmand en énergie.

Ouverte à l'été 2020, la Cité maraîchère de Gally est un lieu public hybride, à la fois serre horticole, espace de sensibilisation, chantier d'insertion et café. L'originalité de cet espace tient à ses usages multiples, mais aussi à sa conception de l'agriculture verticale. Les légumes y poussent sous une grande verrière, comme dans une serre, mais sur plusieurs niveaux : six étages dans deux tours modernes. Le travail sous serre permet d'allonger de quelques semaines les saisons de culture et de s'affranchir de certains aléas météorologiques, comme la pluie ou le vent. Basée sur l'ensoleillement, la culture s'y fait sans apport de chauffage, ce qui réduit les coûts.

À la Cité maraîchère de Gally, l'intention n'est pas de produire massivement, mais d'amener de la nature en ville. Voulu et pensé par l'ancien maire, Henri Delaporte, le projet de tour maraîchère avait suscité une controverse en raison du coût de ce chantier : huit millions d'euros. La nouvelle maire, Michèle Bordier, élue en 2019, a finalement fait construire un bâtiment moins ambitieux, renforçant la dimension sociale et éducative. Le site emploie aujourd'hui 30 personnes en insertion.

« Les villes ne sont autonomes ni en eau, ni en énergie, ni en alimentation, explique Michèle Bordier, et elles rejettent du carbone. L'idée de l'agriculture verticale est de les rendre compatibles avec la nature, en libérant des terres. Et puis, avant d'être un lieu de production, notre Cité maraîchère est un lieu de vie. C'est donc un modèle prometteur sur le plan social. »

(1) À la Cité maraîchère de Gally, un taux de rendement élevé est primordial.

(2) Avec le travail sous serre, les saisons de culture sont plus courtes à la Cité maraîchère de Gally.

(3) La Cité maraîchère de Gally a plusieurs fonctions comme l'horticulture, l'éducation, la formation et la restauration.

(4) L'agriculture verticale est parfois accusée d'être onéreuse et trop gourmande en énergie.

(5) Michèle Bordier a baissé le coût de construction de la Cité maraîchère de Gally.

(6) Selon Michèle Bordier, l'agriculture verticale est condamnée en raison de son impact social.

（解説・解答 ▶ p.52）

8

次の文章を読み、右のページの (1) ～ (3) に、指示にしたがって**日本語**で答えてください。句読点も字数に数えます。

解答欄は解答用紙の裏面にあります。(配点　15)

Enfin ! Les voitures se mettent à voler cette année. Des entreprises multiplient les prototypes et réalisent des tests de validation dans le monde entier. On n'y croyait plus. L'un des premiers concepts de voiture volante remonte à 1917 mais l'engin était retombé pitoyablement après quelques sauts en l'air. Depuis, plusieurs machines avaient effectué des tests spectaculaires… pour être aussitôt remballées. Mais cette fois, ça y est !

Le principal défi a longtemps consisté à faire décoller verticalement un véhicule et à lui faire parcourir quelques dizaines de kilomètres au-dessus des villes pour transporter deux à quatre personnes, dont le ou la pilote. Pour cela, il a fallu l'équiper d'une batterie très puissante dont l'emballement thermique a créé des problèmes : la surchauffe ou la surcharge électrique des accumulateurs entraînait parfois des incendies ou des explosions. Aujourd'hui, il n'y a plus d'obstacle technique. La solution est venue d'une nouvelle génération de batteries dotées d'un électrolyte solide et stable. Ainsi, une vingtaine de ces voitures ont déjà réussi à s'élever dans les airs.

Des écueils à surmonter subsistent néanmoins. D'abord, le bruit. Les fabricants tentent de limiter les nuisances sonores liées aux véhicules car l'enjeu de l'acoustique est fondamental dans un environnement urbain. Par ailleurs, il va falloir évaluer comment ces nuisances seront perçues par la population. Ce ne sont pas forcément les bruits les plus forts qui gênent le plus. Par exemple, le son émis par un drone n'est pas énorme, mais il peut être perturbant car les gens n'y sont pas habitués.

Le pilotage automatique demeure lui aussi un défi. En fait, tous les spécialistes disent qu'un véhicule 100 % autonome est techniquement réalisable. L'intelligence à bord est suffisamment performante et les tests en cours ont souvent lieu sans pilote. Reste l'acceptation psychologique. Avant d'essayer de se passer de pilote, il faut d'abord convaincre les usagers de la sécurité des vols pilotés manuellement.

Les sociétés de transport ne pourront proposer le pilotage automatique des voitures volantes qu'une fois la confiance du public gagnée.

(1)　飛行する車の実現のために必要なものは何でしたか。(35 字以内)

(2)　飛行する車の音の問題に対してどのような対処が必要とされますか。(30 字以内)

(3)　飛行する車の自動操縦化を実現するためにしなくてはならないことは何ですか。(30 字以内)

（解説・解答 ▶ p.54）

9

次の文章をフランス語に訳してください。
解答欄は解答用紙の裏面にあります。（配点　20）

友人の佐藤くんの家に行くと、玄関にはいつも花が飾られている。きのう聞いてみたところ、亡くなったお母さんがそうしていたのだという。だれしも、日常のふとした習慣に、身近なひとの思い出が染みこんでいるものかもしれない。

（解説・解答 ▶ p.56）

2023年度春季
実用フランス語技能検定試験
聞き取り試験問題冊子　〈1級〉

書き取り・聞き取り試験時間は、
12時40分から約40分間

先に書き取り試験をおこないます。解答用紙表面の書き取り試験注意事項をよく読んでください。書き取り試験解答欄は裏面にあります。

この冊子は指示があるまで開かないでください。

◇**筆記試験と書き取り・聞き取り試験の双方を受験しないと欠席になります。**

◇問題冊子は表紙を含め4ページ、全部で2問題です。

書き取り・聞き取り試験注意事項

1　途中退出はいっさい認めません。
2　書き取り・聞き取り試験は、CD・テープでおこないます。
3　解答用紙の所定欄に、**受験番号**と**カナ氏名**が印刷されていますから、まちがいがないか、**確認**してください。
4　CD・テープの指示にしたがい、中を開いて、日本語の説明をよく読んでください。フランス語で書かれた部分にも目を通しておいてください。
5　解答はすべて別紙の書き取り・聞き取り試験解答用紙の解答欄に、**HBまたはBの黒鉛筆**（シャープペンシルも可）で記入またはマークしてください。ボールペンや万年筆等でマークした解答は機械による読み取りの対象とならないため、採点されません。
6　問題内容に関する質問はいっさい受けつけません。
7　**携帯電話等の電子機器の電源はかならず切って、かばん等にしまってください。**通信機能のある時計は使用を禁じます。
8　**時計のアラームは使用しないでください。**
9　この試験問題の複製（コピー）を禁じます。また、この試験問題の一部または全部を当協会の許可なく他に伝えたり、漏えいしたりすることを禁じます（インターネットや携帯サイト等に掲載することも含みます）。

書き取り・聞き取り試験

（試験時間：約40分間）

書き取り試験

注意事項

フランス語の文章を、次の要領で3回読みます。全文を書き取ってください。

- 1回目は、ふつうの速さで全文を読みます。内容をよく理解するようにしてください。
- 2回目は、ポーズをおきますから、その間に書き取ってください（句読点も読みます）。
- 最後に、もう1回ふつうの速さで全文を読みます。
- 読み終わってから3分後に、聞き取り試験にうつります。
- 数を書く場合は、算用数字で書いてかまいません。（配点　20）

［ 音声を聞く順番 ］ 01 → 02 → 01

（解説・解答 ▶ p.59）

聞き取り試験

1

- まず、Raphaël へのインタビューを聞いてください。
- つづいて、それについての5つの質問を読みます。
- もう1回、インタビューを聞いてください。
- もう1回、5つの質問を読みます。1問ごとにポーズをおきますから、その間に、答えを解答用紙の解答欄にフランス語で書いてください。
- それぞれの（　　）内に1語入ります。
- 答えを書く時間は、1問につき10秒です。
- 最後に、もう1回インタビューを聞いてください。
- 数を記入する場合は、算用数字で書いてください。

（メモは自由にとってかまいません）（配点　20）

［ 音声を聞く順番 ］ 03 → 04 → 03 → 05 → 03

(1) C'est un ( ) qui est entré dans sa voiture sans pouvoir en ( ).

(2) Un ( ) produit par l'animal qui s'( ) dans le véhicule.

(3) Non, parce qu'elle n'a pas ( ) l'( ) de la situation.

(4) Il a ( ) la ( ) avec un bâton.

(5) C'est la ( ) de l'( ) qu'il y avait dans la voiture.

（解説・解答 ▶ p.62）

2

- まず、あるニュースを 2 回聞いてください。
- 次に、その内容について述べた文 (1) ～ (10) を 2 回通して読みます。それぞれの文がニュースの内容に一致する場合は解答欄の ① に、一致しない場合は ② にマークしてください。
- 最後に、もう 1 回 ニュースを聞いてください。
  (メモは自由にとってかまいません) (配点 10)

［ 音声を聞く順番 ］ 06 → 06 → 07 → 07 → 06

（解説・解答 ▶ p.67）

2 次 試 験

試験方法

○2 次試験は個人面接です（面接時間は 9 分）。
○各自の試験開始予定時刻 3 分前にテーマを 2 題渡します。この 3 分間に渡された 2 題のテーマのうち、いずれか 1 題について考えをまとめておいてください。
○指示にしたがい試験室に入室し、はじめに氏名の確認がありますから、フランス語で答えてください。
○次に選択したテーマについて、3 分間、フランス語で自由に述べてください。つづいてその内容についてフランス語で質問がありますから、フランス語で答えてください。時間の余裕があれば、一般会話をおこなうことがあります。

＊注意＊ • テーマが渡されてから、辞書・参考書類を使ったり、音読したり、他の人と相談したりしないでください。
• 試験室入室前に携帯電話の電源を切ってください。

2023 年度は以下の問題のうちから、試験本部が選択したものを会場でお渡ししました。

次のテーマのうち、いずれか1題について考えをまとめておいてください。

【日本】

1.

A) Que pensez-vous de l'armement nucléaire ?

B) Selon vous, jusqu'à quel âge doit-on continuer à travailler ?

2.

A) La natalité ne cesse pas de baisser au Japon. Qu'en pensez-vous ?

B) Que pensez-vous du régime végétarien ou végane ?

（解説 ▶ p.72）

2023年度1級

2023年度の出願者は500名（うち受験者は451名）で、1次試験の合格者は56名、対実受験者の合格率は12.4%でした。これに1次試験免除者10名を加えた63名が2次試験を受験し、1次試験・2次試験の両方に合格した最終合格者数は56名、対実受験者の最終合格率は12.2%となっています。

1次試験の平均点は71点（満点は150点）、得点率は47%で、過去5回の平均（それぞれ69点および46%）をわずかに上まわりました。

出題内容のあらまし

1次【筆記】

1 動詞・形容詞の名詞化（全文書きかえ・記述）
2 多義語（穴うめ・記述）
3 前置詞（穴うめ・選択）
4 時事用語・常用語（穴うめ・記述）
5 説明文（バイクの売買にからむ暴力事件／動詞を選択活用・記述）
6 説明文（食料安全保障と気候変動の関係／穴うめ・選択）
7 説明文（Gally 野菜集約栽培都市における垂直農法の試み／内容一致・選択）
8 説明文（飛行する車の実現化に向けて／日本語による内容要約・記述）
9 和文仏訳（花を飾るのが好きな友人／記述）

【書き取り】 説明文（宝くじに当たった不法滞在者）

【聞き取り】

1 インタビュー（車に閉じ込められたクマを逃がした男性へのインタビュー／穴うめ・記述）
2 報道ニュース（宝石店強盗事件／内容一致・選択）

2次【面接】（個人面接方式：受験者による exposé（口頭論述）と質疑応答）

下記のテーマから1つを選択（国内）

1. 核武装／何歳まで働くべきか
2. 日本における出生率低下／菜食主義とヴィーガニズム

1　次　試　験

筆記試験

解説・解答

1　**解説**　文中のイタリック体で示された動詞、形容詞、副詞を派生関係にある名詞に置きかえ、全文をほぼ同じ意味の文に書きかえる問題です。派生関係にある語彙の知識はもちろん、名詞化にともなう構文の変換にも注意が必要です。

(1)　Ils ne seraient pas heureux s'ils restaient *oisifs*.「暇《ひま》なままだとしても、彼らは幸せではないだろう」

「無為《むい》な、なにもしない」を意味する形容詞 oisif と派生関係にある名詞は oisiveté で、「無為、怠惰」などを意味します。ここでの si は単に「もし～なら」という仮定ではなく、même si「たとえ～であろうと」に近いニュアンスであることに注意する必要があります。そのニュアンスを出すためには、oisiveté を主語にして、動詞には assurer *qc* (à *qn*)「～を（～に）保証する」を用いるのがよいでしょう。元の文は推測を表わす条件法になっているので、それに合わせると、L'oisiveté ne leur assurerait pas le bonheur.「暇だとしても、彼らは幸せとはかぎらないだろう」という文になります。ただし時制は、直説法現在 assure や直説法単純未来 assurera にすることもできます。また、〈rendre *qn* + 属詞〉「～を～にする」を使えば、L'oisiveté ne les rendrait pas heureux.「暇であっても、彼らは幸せにはならないだろう」と表現できます。この場合、直説法単純未来 rendra でもかまいませんが、直説法現在 rend を用いると、「幸せにならない」ことが事実となってしまうので適当ではありません。

誤答としては、名詞化を誤って *oisivité* としたものが多数見られました。

元の文の意味を誤解したと思われる答案が多く、得点率は 3% とふるいませんでした。

(**2**) Le dentiste m’a dit que je ferais mieux de *me rincer* la bouche quotidiennement.「歯医者は私に、毎日、口をすすいだほうがよいだろうと言った」

動詞 se rincer「自分の～をすすぐ」と派生関係にある名詞は rinçage「すすぎ」です。「毎日、口をすすぐこと」は un rinçage quotidien de la bouche、あるいは un rinçage de bouche quotidien となります。「私の口」ma bouche とする場合には、le rinçage quotidien de ma bouche が自然です。このような名詞句を直接目的語にするには、動詞は recommander「すすめる」が適当です。そうすると全体は、Le dentiste m’a recommandé un rinçage quotidien de la bouche (un rinçage de bouche quotidien / le rinçage quotidien de ma bouche).「歯医者は私に、毎日、口をすすぐことをすすめた」となります。また、rinçage を主語とするなら受動態を用いて、Un rinçage quotidien de la bouche (Un rinçage de bouche quotidien / Le rinçage quotidien de ma bouche) m’a été recommandé par le dentiste.「私は、毎日、口をすすぐことを、歯医者にすすめられた」とすることもできます。

名詞化の誤答例としては、*rince*、*rincement* のほかに、セディーユを忘れた *rincage* もありました。細部まで気を抜かないようにしましょう。

得点率は 21%でした。

(**3**) Pourquoi a-t-elle les jambes *gonflées* ?「どうして彼女の足ははれているの」

形容詞 gonflé「ふくれた、はれた」と派生関係にある名詞は gonflement「ふくらみ、はれ」です。実際にはれている足を目にしての発言でしょうから、「彼女の足のはれ」は、指示形容詞を使って ce gonflement de ses jambes とするのがよいでしょう。もっとも、定冠詞を使って le gonflement de ses jambes としてもかまいません。理由を尋ねる言い方はいろいろ考えられますが、たとえば venir を用いれば、D’où vient ce（または le）gonflement de ses jambes ?「なぜ彼女の足はそんなふうにはれているの」となります。また、元の文と同じ pourquoi を用いて、Pourquoi un tel gonflement de ses jambes ?、さらに動詞 avoir を使って、Pourquoi ses jambes ont un tel gonflement ?「どうして彼女の足はあんなにはれているの」としてもよいでしょう。

誤答としては *gonflage*、*gonfle*、*gonflée* がめだちました。また疑問符 ? をつけ忘れた解答が散見されましたが、疑問符を省略することはできません。

得点率は 20%でした。

(4) Vous pouvez porter plainte quand un chien vous *mord*.「犬にかまれたときは訴えることができます」

まずイタリック体で示されている mord が動詞 mordre「かむ」の直説法現在形であることを確認しましょう。動詞 mordre と派生関係にある名詞は morsure「かむこと、かみ傷」です。そこで la morsure d'un chien「犬によるかみ傷」を主語にするなら、「かみ傷は訴えの理由となる」という文が考えられます。そうすると、La morsure d'un chien peut être la cause d'une plainte.「犬によるかみ傷は訴えの理由となりえます」となります。

mordure というつづりのまちがいが多数見られたほか、*mord*、*mordre*、*mordu* といった誤答もありました。

文の組み立て以前に名詞化の誤答がひじょうに多かったため、得点率は 3%と低くなりました。

問題1全体の得点率は 12%でした。

解答
(1) L'oisiveté ne leur assurerait pas le bonheur.
(2) Le dentiste m'a recommandé un rinçage quotidien de la bouche.
(3) D'où vient ce gonflement de ses jambes ?
(4) La morsure d'un chien peut être la cause d'une plainte.

2

解説 多義語の問題です。2 つの文 **A**、**B** の（　　）内に入る同じ 1 語を解答します。品詞や動詞の語形、形容詞の性数など、文法的な条件を考慮し、可能性のある語をしぼっていきます。

(1) **A** Au déjeuner, ma mère avait (　　　) son vin avec de l'eau.
B Le courant a brutalement été (　　　) au milieu de la matinée.

正解は coupé です。動詞 couper は、**A** では「（飲料などを）～で割る、水で薄める」、**B** では「（電気、通信などを）止める」という意味で用いられています。文意はそれぞれ、「昼食時、母はあらかじめワインを水で薄めていた」、「午前中に、突然、停電があった」となります。couper の第一義は「（刃物などで）切る」ですが、派生的な意味として「分ける」、「さえぎる」、「中断する」などを表わします。

誤答として *pris*、*bu*、*mélangé*、*versé* などが見られました。

得点率は19%でした。

(2) **A** Ce symptôme est caractéristique du stade ( ) de la maladie.

B Elle a poussé un cri si ( ) que tout le monde s’est retourné.

正解は aigu です。**A** では「急性の」、**B** では「するどい、かんだかい」という意味で用いられています。文意はそれぞれ「この症状はその病気の急性期に特徴的なものだ」、「彼女はとてもするどい叫び声をあげたので、みんながふりかえった」となります。aigu の基本的な意味は「（先端が）とがった、するどい」であり、派生的な意味としては「（感情が）はげしい」、「（状況が）深刻な」、「（知性が）鋭敏な」などがあります。

A にしかあてはまらない *grave* や、**B** にしかふさわしくない *fort*、*haut* などの誤答がめだったほか、*aigü*、*aiguë* といったつづりのミスが見られました。

得点率は4%にとどまりました。

(3) **A** Je ne sais pas combien de ( ) il faut par jour pour un nouveau-né.

B Les ( ) géologiques de cette région sont particulièrement riches en fossiles.

正解は couches です。**A** では「おむつ、おしめ」、**B** では「地層」の意味で用いられています。文意はそれぞれ「新生児には1日に何枚のおむつが必要か、私にはわからない」、「この地域の地層にはとりわけたくさんの化石がふくまれている」となります。couche は「層」を表わしますが、日常語としては「おむつ」を意味することも覚えておきましょう。changer les couches「おむつを替える」のように用います。

nourritures、*temps* や *ressources* といった誤答がめだちました。また *couche* と単数形にしてしまったミスも見られました。

得点率は24%でした。

(4) **A** La nuit, tu devrais fermer le ( ) roulant du garage.

B La sortie du troisième (　　　) de cette trilogie est très attendue.

正解は volet です。**A** では「巻き上げ戸、ロールシャッター」、**B** では「(一連のものの) 部分」の意味で用いられています。文意はそれぞれ「夜にはガレージのシャッターを閉めたほうがいいよ」、「この 3 部作の第 3 部の発売はたいへんに待ち望まれていた」となります。ちなみに、折り畳み式シャッターは un volet brisé、または un volet de brisure と呼びます。

rideau という誤答がめだちました。たしかに un rideau en (または de) fer であれば「シャッター」ですが、un rideau roulant はふつう、「巻き上げ式のカーテン」を意味します。誤答としてはほかに *porte*、*volume* などがありました。

得点率は 10%でした。

問題2全体の得点率は 14%でした。

解答　(1) coupé　(2) aigu　(3) couches　(4) volet

3

解説　(　　) 内に適当な前置詞を入れて文を完成させる問題です。前置詞の用法に関しては、前後の文脈や文意からは推測できないものも多く、成句的な表現についての正確な知識が欠かせません。日ごろから、前置詞をともなう表現に意識的な視線を向けておくことが必要です。

(1) En proie (　　　) l'insomnie, la malheureuse s'est affaiblie.「不眠症におそわれて、不幸な女は衰弱した」

正解は à です。proie は「獲物《えもの》、餌食《えじき》」、en proie à *qc* は「〜のいけにえになって」、「(激しい感情) におそわれた」という意味の熟語表現です。proie を使ったほかの表現として、oiseau de proie「猛禽《もうきん》」も覚えておきましょう。

得点率は 15%でした。

(2) Ma fille sait très bien me prendre (　　　) les sentiments.「私の娘は、私の情にうったえるすべをよく心得ている」

par が正解です。この par は「〜のところを」というように場所を表わす基本的な用法で、prendre *qn* par le bras なら「〜の腕をつかむ」となります。prendre *qn* par les sentiments は「情にうったえて〜の心をつかむ」という意味になります。

得点率は46％でした。

(3) Quand on discute de politique, Christian est toujours (　　　) la défensive.「政治について議論するとき、Christianはいつも守りに徹する」

正解はsurです。défensiveは「防衛、防御」を意味する語で、être (rester / se tenir) sur la défensiveは「守勢に立つ、防御態勢をととのえる」という意味の成句です。

得点率は27％でした。

(4) (　　　) sa situation actuelle, il vaut mieux le laisser tranquille.「現在の彼の状況を考慮すれば、彼をそっとしておくのがよいだろう」

Vuが正解です。前置詞vuは「～から見て、～を考慮に入れると」という意味になります。〈vu que ＋直説法〉「～なので」という用法もあります。

1級の受験者には比較的簡単だったようで、得点率は77％でした。

問題3全体の得点率は41％でした。

解答　(1) ①　(2) ⑥　(3) ⑦　(4) ⑧

4

解説　時事用語、常用語についての知識を問う問題です。出題の範囲は政治、経済、社会、法律、医療、情報科学など多岐にわたり、当然ながら、日本語から容易に推測できるケースは多くありません。さまざまな話題を扱った文章を幅ひろく読み、目を引いた用語についてはそのつど日本語との対応を確認しておくとよいでしょう。

(1)「アフターピル（緊急避妊薬）」はla pilule du (lendemain) といいます。pilule はもともと「丸薬」を意味しますが、とくにla pilule contraceptive「経口避妊薬」を指します。なお、「緊急避妊」はla contraception d'urgenceです。

無回答の答案が多かった一方、おもな誤答には*après*、*fait*、*derrière*などがありました。

得点率は6％にとどまりました。

(2)「公海」は la (haute) mer といいます。この形容詞 haut は「(水位が) 高い」または「(水深が) 深い」ことを表わし、la haute mer は「沖、外海、公海」を意味します。なお、「公海」は les eaux internationales ともいいます。また「公海」の対義語である「領海」は、les eaux territoriales あるいは la mer territoriale です。

publique（*public* もあり）、*libre* といった誤答が見られました。

得点率は 8%でした。

(3)「購買力」は le (pouvoir) d'achat といいます。名詞 pouvoir は「力、能力、力量」などを意味します。類似の表現として、le pouvoir économique「経済力」、le pouvoir de destruction「破壊力」などがあげられます。

誤答としては *puissance*、*capacité* などが見られました。どちらも女性名詞なので不適当です。

比較的容易だったようで、得点率は 73%と高いものでした。

(4)「情状酌量」は les circonstances (atténuantes) といいます。circonstances は複数形で「情状（刑の判断にあたってしん酌される事情）」を意味します。形容詞 atténuant は動詞 atténuer「強さを弱める、やわらげる」の現在分詞にもとづきます。つまり、les circonstances atténuantes は字義どおりに訳すと、「罪の重さをやわらげる情状」という意味になります。

おもな誤答には *considérées*、*sentimentales* などがありました。

受験者には見慣れない用語だったようで、得点率は 4%でした。

(5)「長距離走」は une course de (fond) といいます。une course de longue distance や une course d'endurance という呼び方もあります。なお、「短距離走」は une course de vitesse、「中距離走」は une course de demi-fond です。

longueur、*distance* という誤答が多数見られました。

得点率はふるわず、2%にとどまりました。日ごろから幅ひろい分野に目を通すように心がけましょう。

問題4全体の得点率は 18%でした。

解答　(1) lendemain　(2) haute　(3) pouvoir

(4) atténuantes (5) fond

5 **解説** 長文を読み、話の展開を追いながら、空欄部分に該当する動詞を適切な形にしておぎなう問題です。解答には、動詞の法・時制に関する正確な知識のほか、過去分詞の一致など、語形にも細心の注意が求められます。

問題文は、バイクの売買にからむ暴力事件を報じた文章です。以下、設問に対応する箇所を引用しながら見ていくことにしましょう。

(1) Apparemment, tout (1) de la vente d'une moto.

第1段落では、「2023年5月9日火曜日、22歳の男性が脳死の状態でMédipôle Lyon-Villeurbanne病院に運ばれた」という書き出しにつづいて、「*Le Progrès* 紙によれば、彼は3人の人物にはげしくなぐられたとのことだ」とあります。それにつづく空欄をふくんだ文にla vente d'une moto「バイクの売却」とあるのですから、これが事件の原因だと推測できます。そこで動詞はpartir「出発する、始まる」を選べばよいとわかりますが、では法・時制はどうすればよいでしょうか。副詞apparemment「おそらく」があることをふまえると、過去の出来事についての推測を表わす条件法過去がもっとも適当です。したがって正解は(serait parti)となります。文の意味は「おそらく、すべてはバイクの売却から始まったのだろう」です。ただし直説法複合過去を用いて(est parti)としてもまちがいではありません。

誤答としては直説法大過去 *était parti* としたものや、identifierを選択し、*a été identifié* としたものが見られたほか、法・時制に関するまちがいが多数認められました。

得点率は23%でした。

(2) Furieux, les vendeurs (2) la victime, avant de prendre la fuite à l'arrivée de la police.

第2段落では、「被害者をふくむ4人の人物が、3人のバイクの売り手によって指定された約束の場所le square Général Delfosseにやって来たのは、16時30分だった」という文につづいて、「そのとき、4人のうちの2人が2輪車を盗んだ」とあります。その行為に怒った売り手が、現場に残った2人のうちの1人を攻撃し、逃走したのでしょう。そこで動詞はattaquerを選びます。第 2 段落では、過去の完了した出来事が時系列順に直説法複合過去で述べられていますので、attaquer も直説法複合過去にすればよいでしょう。正解は (ont attaqué) となります。文の意味は「激怒した売り手は被害者を攻撃したのち、警察の到着前に逃走した」です。

もっとも多かった誤答は、直説法大過去 *avaient attaqué* としたものでした。出来事の起こった順序を正しく理解することが大切です。また、条件法過去 *auraient attaqué* とした答案も見られましたが、この段落では起こった出来事が事実として述べられているので、適当ではありません。

得点率は 66％でした。

(3) Le jeune homme de 22 ans a été retrouvé inconscient par terre, (　3　) notamment des blessures au niveau de la tête.

第 3 段落冒頭の文です。前半では「22 歳の男性は意識を失って倒れているところを発見された」とあり、空欄のあとには「とくに頭部に傷」とつづいていますから、(　3　) には「見せる、示す」といった意味の動詞が入ると予想されます。選択肢のなかでそれにあたるのは présenter です。この文には動詞 a été retrouvé が存在するので、présenter は現在分詞にすればよいでしょう。正解は (présentant) です。文意は「22 歳の男性は意識を失って倒れているところを発見され、とくに頭部に傷をおっていた」となります。

remarquer を選択した受験者が多く、*remarqué*、*remarquant* といった誤答が見られました。しかし remarquer は「(主体が何かに) 注目する、気づく」という意味ですから、ここでは適切ではありません。

得点率は 22％でした。

(4) Les forces de l’ordre (　4　) une opération de surveillance devant le logement du propriétaire du véhicule, quand elles ont vu l’homme vêtu d’un T-shirt rouge revenir chez lui avec ladite voiture.

第 3 段落の後半では、「消防士が出動して男性を救助した」という文につづき、「現場の目撃者は、ルノーの車に乗って逃げた売り手のなかに、赤い T シャツを着た男がいたことに言及した」と述べられています。第 4 段落冒頭、空欄のある文には、les forces de l’ordre「機動隊」、une opération de surveillance「監視作戦」という語が並んでいるので、「おこなう、実践する」といった意味の動詞を選べばよいでしょう。選択肢のなかでは mener がもっとも適当です。また、文の後半、quand 以下の副詞節では動詞が ont vu と直説法複合過去になっています。このような文では「～していたときに、～した」と、直説法半過去と直説法複合過去を組み合わせ、直説法複合過去で語られる過去の出来事が起こったときに、どのような状況であったかを直説法半過去で表わすのが一般的です。したがってここでも mener は直説法半過去に活用させ、(menaient) としましょう。文意は「機動隊が車の所有者の住居の前で監視をおこなっていたときに、赤い T シャツの男が前述の車に乗って帰宅するのが目撃された」です。

直説法複合過去 *ont mené* とした回答が多数見られましたが、適切ではありません。ほかに *ont ouvert* という誤答も見られました。

得点率は 26%でした。

(5) L'enquête se poursuit actuellement pour que ses complices (5) au plus vite.

第 4 段落のつづきでは、「被害者とおなじく 22 歳の男は職務質問を受け、『集団暴行』の疑いで拘留された」とあります。調査がつづけられているのは、ほかの共犯者を見つけるためですから、動詞は identifier を選びます。また、主語が ses complices「彼の共犯者」ですので、identifier は受動態にする必要があります。さらに、〈pour que + 接続法〉ですから、正解は (soient identifiés) となります。ただし、本文中に、complices の性別は明示されておらず、全員女性である可能性もあります。したがって identifiées と女性複数形にしてもまちがいとはいえません。

動詞を正しく選びながらも、直説法（または接続法）現在 *identifient* とした答案や、主語と過去分詞の数の一致を忘れて *soient identifié* とした誤答が見られました。性数一致の見落としがないか、つねに確認することが大切です。

得点率は 51%でした。

問題5全体の得点率は 38%でした。

解答 (1) serait parti　(2) ont attaqué　(3) présentant
(4) menaient　(5) soient identifié(e)s

6 **解説** 長文を読み、空欄に対応する文の一部を選択肢から選んで文を完成させる問題です。

この問題では、単に文が成立するという意味では、空欄に対応する選択肢は 1 つとはかぎりません。正解にいたるには、文章全体の論理構成や前後の文脈に目を配る必要があります。

今回出題された文章は、食料安全保障と気候変動の関係についての研究を紹介したものです。

(1) Avant même la sortie de ce document et des recommandations qui vont avec, une équipe allemande a réalisé une étude démontrant (　1　) sur les systèmes alimentaires des pays qui émettent le moins de CO2.

第 1 段落冒頭では、「きのう公表された、気候の変化に関する政府間の専門家グループ（GIEC）による新しい特別報告書において、科学者と政府の代表者らは食料安全保障と気候変動の関係という問題に取り組んでいる」とあります。それにつづく空欄をふくむ文では、「この資料とそれにともなう勧告の発表よりも前に」、ドイツのグループがある研究をおこなったと述べられています。まず、前置詞 sur にみちびかれる空欄の直後の一節は「二酸化炭素の排出がもっとも少ない国々の食料供給システムに対する」という意味になります。また、空欄をふくむ文の直後には、「このような分類表には、ブルンジ、コンゴ民主共和国、マダガスカル、イエメンのように食料危機にある国が見いだされる」とあります。つまり、二酸化炭素の排出量が少ない国は、反対に食料危機レベルが高いという不均衡が生じているわけですから、正解は④ les impacts disproportionnés du changement climatique「気候変動がもたらす不均衡な影響」です。

得点率は 58％でした。

(2) Ainsi, une personne vivant en Arabie saoudite émet (　2　) que 718 Burundais.

第 1 段落をさらに読み進めると、食料危機にある国についてよりくわしい説明がつづいています。「研究によると、これらの国々は、1 人当たり年間半トン以下の二酸化炭素しか発生させておらず、それは世界全体の排出量の 0.08％にすぎない。もっともよい例はブルンジである。この国は、食料安全保障の面で最下位に分類されるとともに、二酸化炭素の年間 1 人当たりの排出量も最下位である」と述べられています。空欄のある文では、「そういうわけで、サウジアラビアに暮らす1人の人間は、718人のブルンジ人と（ 2 ）を排出しているのである」とあります。空欄のあとにqueがあることからも、比較を表わしていることがわかるでしょう。あてはまるのは① la même quantité de dioxyde de carbone「同量の二酸化炭素」です。

得点率は93％と高いものでした。

(3) « Nos recherches montrent que l'augmentation des concentrations de dioxyde de carbone dans l'atmosphère réduit la qualité nutritionnelle des aliments que nous consommons et que les personnes les plus vulnérables à ces conséquences sont (3) », a déclaré le docteur Dörr, chef de l'équipe du GIEC.

第2段落の最初の文です。「『私たちの研究が示しているのは、大気中の二酸化炭素濃度の上昇は、私たちが消費する食物の栄養価を減少させるということ、また、その結果に対してもっとも脆弱な人々は（ 3 ）だということです』と、GIECグループの代表であるDörr博士は述べた」とあります。ここまでの文章で、気候変動の影響をもっとも受けるのは、二酸化炭素の排出量がもっとも少ない国であることが述べられていました。そのことをふまえると、正解は⑤ les moins responsables de cette augmentation「この上昇にもっとも責任をおっていない人々」だとわかります。

得点率は79％でした。

(4) Pour reprendre l'exemple du Burundi, (4), déjà largement précarisée par les conflits et les crises politiques, s'y retrouve encore plus menacée par les longues pénuries de précipitations, les inondations, et l'érosion des sols.

つづく文です。「ブルンジの例をふたたび取り上げると、紛争と政治危機によってすでに大幅に不安定化していた（ 4 ）は、長期間におよぶ降水量の不足、洪水、土壌の浸食によってよりいっそう危機にひんしている」とあります。過去分詞précariséeおよびmenacéeが女性形なので、空欄には女性名詞が入るとわかるのは、大きなヒントでしょう。正解は② la sécurité alimentaire「食料安全保障」です。

得点率は43％でした。

(5) Les scientifiques dénoncent ainsi (　5　).

結論部分です。「したがって研究者たちは（　5　）を告発している」とあります。これまでの文章において、気候変動に対する責任のもっとも少ない国が、気候変動の影響をもっとも受けているという不平等が問題とされていました。その論旨が理解できていれば、⑧ une injustice climatique flagrante「気候に関する明白な不公正」を選ぶことができるはずです。なお、最後の文は、「このGIECの報告書は、脅威は深刻であり、今すぐ行動が必要であるということを改めて示している」としめくくっています。

得点率は44%でした。

問題6全体の得点率は63%でした。

解答　(1) ④　(2) ①　(3) ⑤　(4) ②　(5) ⑧

7

解説 長文を読み、設問として示されている短文の内容が本文の内容と一致するかどうかを判断する問題です。あらかじめ設問文に目を通しておくと、本文の理解の助けとなるでしょう。

問題文は、Gally野菜集約栽培都市における垂直農法の試みを紹介した文章です。

(1) À la Cité maraîchère de Gally, un taux de rendement élevé est primordial.「Gally野菜集約栽培都市では、生産率の高さがもっとも重要である」

本文第3段落冒頭には、À la Cité maraîchère de Gally, l'intention n'est pas de produire massivement, mais d'amener de la nature en ville.「Gally野菜集約栽培都市の趣旨は、大量生産ではなく、都市に自然をもたらすことである」とありますので、設問文は本文の内容に一致しません。

(2) Avec le travail sous serre, les saisons de culture sont plus courtes à la Cité maraîchère de Gally.「温室農法を用いることで、Gally野菜集約栽培都市の栽培期間はより短くなっている」

本文第2段落では、Gally野菜集約栽培都市がどのような施設であるかが説明されています。この段落の第4文には、Le travail sous serre permet d'allonger de quelques semaines les saisons de culture et de s'affranchir de certains aléas météorologiques, comme la pluie ou le vent.「温室農法のおかげで、栽培期間を数週間のばし、雨風といった一部の気象上の危険から逃がれることができる」とあります。したがって、設問文は本文の内容に一致しません。

(3) La Cité maraîchère de Gally a plusieurs fonctions comme l'horticulture, l'éducation, la formation et la restauration.「Gally野菜集約栽培都市には園芸、教育、育成、レストラン業などいくつもの役割がある」

おなじく本文第2段落冒頭には、Ouverte à l'été 2020, la Cité maraîchère de Gally est un lieu public hybride, à la fois serre horticole, espace de sensibilisation, chantier d'insertion et café.「2020年夏に開業したGally野菜集約栽培都市は、園芸温室であると同時に、啓発の場であり、人々の同化の場であり、そしてカフェであるというように異質な要素をあわせもつ公共の場である」とありますから、設問文は本文の内容に一致します。

(4) L'agriculture verticale est parfois accusée d'être onéreuse et trop gourmande en énergie.「垂直農法は、時として費用が高く、またエネルギー消費が多すぎると非難されることがある」

本文第1段落第3文には、Mais ce modèle compte aussi ses détracteurs, qui le considèrent comme un gadget coûteux et, pour les cas les plus technologiques, trop gourmand en énergie.「しかしこのモデル［＝垂直農法］にも批判者がいる。彼らはこのモデルをコストのかかるガジェット（おもちゃ）であり、もっとも高度な技術を用いた事例では、エネルギー消費が多すぎると見なしているのである」とあります。したがって、設問文は本文の内容と一致します。

(5) Michèle Bordier a baissé le coût de construction de la Cité maraîchère de Gally.「Michèle Bordier氏はGally野菜集約栽培都市建設費用を下げた」

本文第3段落では、まずHenri Delaporte氏が市長を務めていた時期に、Gally野菜集約栽培都市建設にかかるコストをめぐって、論争が起こったと語られます。そしてこの段落の第3文で、La nouvelle maire, Michèle Bordier, élue en 2019, a finalement fait construire un bâtiment moins ambitieux, renforçant la dimension sociale et éducative.「2019年に選出された新市長のMichèle Bordier氏は、最終的によりひかえめな施設を建設し、(施設の) 社会的、教育的な側面を強化することとした」とあります。前後の文脈をふまえると、un bâtiment moins ambitieux「ひかえめな施設」とは、コスト面で「ひかえめ」であると想像がつくことでしょう。設問文は本文の内容と一致します。

(6) Selon Michèle Bordier, l'agriculture verticale est condamnée en raison de son impact social.「Michèle Bordier氏によると、垂直農法はその社会的影響力のせいで非難されている」

垂直農法についてのMichèle Bordier氏の考えは、本文第4段落の引用文に示されています。まず冒頭では、「都市は水、エネルギー、食料の供給という面で、自律した存在ではありえず、一方で、(地球温暖化につながる) 二酸化炭素を排出する」と語られます。しかし、垂直農法は都市を自然と両立可能なものにするというのです。そして最後に、Gally野菜集約栽培都市に託される希望が強調されます。Et puis, avant d'être un lieu de production, notre Cité maraîchère est un lieu de vie. C'est donc un modèle prometteur sur le plan social.「そしてなによりも、私たちの野菜集約都市は生産の場である以前に、生活の場なのです。したがってそれは、社会的レベルで有望なモデルなのです」。つまり、設問文は本文の内容と一致しません。

得点率は(1) 70%、(2) 86%、(3) 78%、(4) 85%、(5) 81%、(6) 86%、問題7全体では81%でした。

解答　(1) ②　(2) ②　(3) ①　(4) ①　(5) ①　(6) ②

8　**解説**　長文を読み、その内容を設問にしたがって日本語で要約する問題です。解答の際は、単に文章の一部を訳すのではなく、全体の論旨を整理したうえで、キーワードをおさえながら、指定された字数内で簡潔な日本語にまとめなければなりません。

今回は、飛行する車の実現化に関する文章です。

(1)「飛行する車の実現のために必要なものは何でしたか。」

本文第2段落冒頭では、飛行する車の実現のためには、パイロットをふくむ2〜4名が乗った車を垂直に離陸させ、数十キロ飛行させることが長らく課題となっていたと語られています。そしてつづく第2文が正答をみちびくための鍵となります。ここで、ドゥー・ポワンの前の一節に注目すると、Pour cela, il a fallu l'équiper d'une batterie très puissante dont l'emballement thermique a créé des problèmes「そのため［＝複数の人を乗せて車を数十キロ飛行させるため］には、ひじょうに強力なバッテリーを備え付ける必要があったが、バッテリーの加熱が問題を起こした」とありますから、必要なものはまず、「ひじょうに強力なバッテリー」となります。しかしながら、こうしたバッテリーは問題を起こすとされます。その具体的な内容が、ドゥー・ポワン以下に示されます。la surchauffe ou la surcharge électrique des accumulateurs entraînait parfois des incendies ou des explosions「蓄電池の過熱や過充電によって、時折火事や爆発が起きていた」というのです。つまり、「ひじょうに強力なバッテリー」（ポイント1.）に求められる条件は、「過熱や過充電を起こさないこと」（ポイント2.）であるとわかります。この2つのポイントをうまくまとめましょう。得点率は46%でした。

(2)「飛行する車の音の問題に対してどのような対処が必要とされますか。」

第2段落の最後では、飛行する車に必要なバッテリー問題が今日では解決されていることが示されます。しかしながら、第3段落ではほかにも乗り越えるべき障害があり、それが騒音問題であると明かされます。そして、第3段落を読み進めると、この問題に対する対処は2つあるとわかります。まず、Les fabricants tentent de limiter les nuisances sonores liées aux véhicules [...]「製造業者は自動車関連の騒音をおさえようと試みている」ということ。そして、[...] il va falloir évaluer comment ces nuisances seront perçues par la population「このような騒音が人々にどのように感じ取られているか評価する必要がある」ということです。この2点をしっかりおさえましょう。得点率は40%でした。

(3)「飛行する車の自動操縦化を実現するためにしなくてはならないことは何ですか。」

第4段落冒頭では、飛行する車の自動操縦化も課題だと語られていますので、この段落の内容を正確にとらえることが求められます。まず、自動操縦化の実現については、技術面では可能であり、搭載知能も十分に高性能で、パイロットなしでのテストもおこなわれているとされます。しかし、Reste l'acceptation psychologique.「残る問題は心理的同意だ」というのです。要約にあたっては、この文以下に注目していきましょう。自動操縦化にあたっては、[...] il faut d'abord convaincre les usagers de la sécurité des vols pilotés manuellement.「まず、手動で操縦されるフライトの安全性を利用者に納得してもらわなければならない」。なぜなら、Les sociétés de transport ne pourront proposer le pilotage automatique des voitures volantes qu'une fois la confiance du public gagnée.「運輸会社は、いったん人々の信頼を得ることではじめて飛行する車の自動操縦を提案することができるだろう」からです。この2つのポイントをふまえつつ、枝葉を取り払って字数内に要約する力が求められます。得点率は46%でした。

問題8全体の得点率は44%でした。

解答例
(1) 出力がひじょうに大きくても過熱や過充電のないバッテリー。(28字)
(2) 騒音抑制の試みと、騒音がどう感じられているかの評価。(26字)
(3) パイロットの安全操縦で利用者の信頼を得ること。(23字)

9

解説 和文仏訳の問題です。日本語の文章の内容をよく吟味したうえで、文意をそこなわないように留意しながら、フランス語として自然な文を組み立てます。逐語訳を避けつつ、なるべく平易で簡潔な文を作るように心がけるとよいでしょう。

今回の出題は、花を飾るのが好きな友人についての文章です。

第1文：友人の佐藤くんの家に行くと、玄関にはいつも花が飾られている。
訳例：Lorsque je rends visite à mon ami Satô, il y a toujours des fleurs qui décorent l'entrée de sa maison.

冒頭の時を表わす接続詞 Lorsque は、Quand や Les jours où をもってかえることもできます。また、「友人の佐藤くんの家に行く」je rends visite à mon ami Satô は、je vais chez Satô, mon ami や je me rends chez Satô, mon ami、あるいはj’arrive à la maison de mon ami Satô、je me rends à l’appartement de mon ami Satôとすることもできます。さらに、「玄関にはいつも花が飾られている」il y a toujours des fleurs qui décorent l’entrée de sa maisonについても、l’entrée de sa maison（sa maisonのかわりにson appartementとしても可）est toujours décorée avec des fleurs（avec des fleursのかわりにde fleursとしても可）としてもよいでしょうし、あるいはdes fleurs décoratives（des fleurs décorativesのかわりにdes fleurs d’agrémentとしても可）sont toujours disposées dans l’entrée de sa maisonとすることもできます。さらには、je remarque toujours des fleurs dans l’entrée de sa maisonや、je note qu’il y a toujours un bouquet（décoratif）dans l’entrée de sa maisonと表わすこともできるでしょう。「玄関」については、l’entréeのほかにle vestibuleという表現も使えます。仏作文というとつい身がまえてしまうかもしれません。しかし、近年は日常の身近なもの、出来事がテーマになることが少なくありませんので、受験前に文法事項の復習とともに、基本単語の総チェックをしておくことを強くお勧めします。その際、アクサンの向きなどもふくめ、単語を正確につづれるか、実際に手を動かして確認しておきましょう。

第2文：きのう聞いてみたところ、亡くなったお母さんがそうしていたのだという。

訳例：Je l’ai interrogé à ce sujet hier, et il m’a répondu qu’il s’agissait d’une habitude de sa défunte mère.

「きのう聞いてみたところ」Je l’ai interrogé à ce sujet hierについては、Hier, je l’ai questionné à cet égardや、Hier, je lui ai posé une question à cet égard、Hier je lui en ai demandé la raison、Hier, je lui ai demandé pourquoiといった代案が考えられます。また、訳例のil m’a réponduは、かわりにil m’a dit、il m’a apprisとしてもかまいません。日本語の「いう」という表現に対応するフランス語の表現は複数ありますので、まとめて覚えておくとよいでしょう。「そうしていた」という一節は、どのようにフランス語の表現に置きかえるか、腕の見せどころでしょう。訳例では「習慣」une habitudeとしていますが、これ以外にもune manie、une coutume、une routine、une pratique、un usageといった表現で表わすことができます。「亡くなったお母さん」sa défunte mèreについては、sa mère décédée、feue sa mère、sa feue mère、sa mère morte、sa mère qui n'est plus（qui n'est plus のかわりに qui n'était plus や qui nous avait quittés も可）としてもよいでしょう。

第3文：だれしも、日常のふとした習慣に、身近なひとの思い出が染みこんでいるものかもしれない。

訳例：Peut-être le souvenir de personnes familières imprègne-t-il pour tout un chacun ces petites manies du quotidien.

訳例の Peut-être は、ほかに Peut-être que、Probablement (que)、Sans doute (que)、あるいは Je suppose que や Je gage que といった表現で置きかえられます。「身近なひとの思い出」le souvenir de personnes familières は、les souvenirs des personnes intimes（des personnes intimes のかわりに de gens proches、d'êtres proches も可）とすることもできます。「染みこんでいる」imprègne については、marque、s'inscrit dans、s'imprime dans、se grave dans としてもよいでしょう。「だれしも」pour tout un chacun は、pour tout le monde としてもかまいませんが、*pour n'importe qui* はここでは不適切です。「日常のふとした習慣」ces petites manies du quotidien は、ce genre de pratiques quotidiennes（pratiques quotidiennes のかわりに habitudes quotidiennes、routines quotidiennes も可）、ce genre d'usages quotidiens とすることも考えられます。また genre のかわりに type を用いてもよいでしょう。

得点率は46%でした。

解答例 Lorsque je rends visite à mon ami Satô, il y a toujours des fleurs qui décorent l'entrée de sa maison. Je l'ai interrogé à ce sujet hier, et il m'a répondu qu'il s'agissait d'une habitude de sa défunte mère. Peut-être le souvenir de personnes familières imprègne-t-il pour tout un chacun ces petites manies du quotidien.

書き取り・聞き取り試験

解説・解答

書き取り試験

解説 書き取り試験では、聞き取った音を正確につづるだけではなく、形容詞や過去分詞の性数一致など、音としては現れない要素にも留意し、文法的に破綻のない文を組み立てる「統辞レベル」での配慮が不可欠です。アクサンの向きをふくめ、明確に判読できない場合、point の指示のあと文の冒頭が大文字で書き始められていない場合、また逆に virgule の指示のあと文の途中であるのに大文字で書き始められている場合（固有名など大文字で始める必要がある場合はのぞく）は誤答と見なされます。

なお、フランスでは近年つづり字法の改革が進み、新たな規則では、たとえば意味上の区別にかかわらない場合、i や u の上のアクサン・シルコンフレクスは省略されるのが原則です（aîné → ainé、dûment → dument など）。仏検では、出題・解答例とも従来のつづり字を採用していますが、書き取りをはじめとする記述式の試験では、解答に際し、新旧どちらの表記を用いてもかまいません。

今回の出題は宝くじに当たった不法滞在者に関する話です。

❶ つづりおよび聴取レベル

今回は書き取り試験の正答率が前年度にくらべて 18 ポイントも下がりました。その原因の 1 つとして、聞き取った音を適切な単語や表現にむすびつけたり、正確につづったりするところでつまずいた例が例年にくらべて多かったことがあげられます。

まず、第 3 文の gains については、*gants* とした答案がかなり見うけられました。そもそも gains と *gants* では発音（鼻母音）がことなるのですが、percevoir に「〜を受領する」という意味があることを知っていれば、percevoir ses gains で「彼のもうけを受け取る」となるとわかったのではないかと思われます。このように、書き取り試験では、正確な音声情報を耳でキャッチする力だけでなく、語彙力も試されるのです。同じことが第 5 文の

de papiers についてもあてはまります。この de papiers は本問でもっともできの悪かった箇所で、ほとんどの受験者が *de papier* と単数形にしていました。たしかにフランス語では複数形の s をふくめ、語末の子音が読まれないことが多いわけですが、「身分証明書」という場合は、papiers と複数形にするという語彙レベルの知識があればふせげたミスではないかと思われます。

第 5 文の ouvrir un という一節もむずかしかったようで、*nouvel an* とした答案や無回答の答案が数多く確認されたほか、*nouvelle un*、*nouvel un*、*oublier un* などとした答案もありました。この箇所については、前後の文脈から考えて直前の中性代名詞 en は「銀行口座」を指し、en ouvrir un で「銀行口座を 1 つ開く」という意味をなす一節が完成するとわかれば正解できたと思われます。1 回目のテキスト朗読のときに、全体の話の流れをしっかりつかむように心がけてください。

本問には、受験者になじみのない単語もふくまれていたようです。第 7 文の des escrocs、第 9 文の empoché はその例です。前者については、*des escrot(s)*、*des escros*、*des éscros*、*des éscrots*、*des esclots*、*des ésclots*、*des escours* とじつに多様な誤答が確認されました。*des escroc* と単数形にしてしまったものもありました。そして empoché については、*embauché* とした答案がかなりの数見うけられたほか、*encore*、*embouché*、*empêché* としたもの、さらには *enpoché* としたおしいつづりミスも認められました。

❷ 統辞レベル

書き取り試験においては、受験者がフランス語の正確な発音をマスターしているかのみならず、確かな文法知識を獲得しているかも試されます。今回の試験で統辞レベルのミスとして気になったのは、第 4 文の n'en です。半分近くの受験者が中性代名詞 en を書き落とし、*ne* とのみ記していました。しかし、つづく動詞 posséder は他動詞ですから、その性質上、直接目的補語を必要とし、かつ直前に un compte「口座」という不定冠詞をともなう名詞が出てきていることをふまえれば、動詞 posséder の直前には中性代名詞 en が置かれるのではないかと推測できたのではないでしょうか。この n'en のように音節の短い単語がエリジオンしていると、聞き取りにくいのは確かです。しかし、こうした箇所こそ、これまで身につけてきた文法知識をもとに、着実にクリアしてほしいところです。もう 1 つ、統辞レベルのミスで残念に思われたのが第 6 文の qu'ils récupèrent です。3 割近くの受験者が

qu'il récupère としていましたが、文脈から考えて、宝くじに当たった不法滞在者のかわり（à sa place）に彼の当選金（ses gains）を受け取りにいくのは、友人たち（des amis）ですから、動詞 récupérer に対応する主語は三人称複数（ils）だと判断できるでしょう。

書き取り全体の得点率は 46％でした。

解答 En 2021 un jeune migrant a gagné 250 000 euros à la loterie. Il a alors pensé que sa vie allait complètement changer. Quand il s'est rendu au guichet pour percevoir ses gains, les employés lui ont appris qu'une somme aussi importante ne pouvait qu'être versée sur un compte en banque. Or le gagnant n'en possède pas. Et comme il n'a pas non plus de papiers en règle, il lui est impossible d'en ouvrir un. Il a donc confié son ticket à des amis pour qu'ils récupèrent ses gains à sa place. Mais au guichet, ces gens ont été pris pour des escrocs. Le jeune migrant a dû expliquer toute la situation aux policiers. Aujourd'hui, il n'a toujours pas empoché le pactole.

聞き取り試験

1

(1) C'est un (　　　) qui est entré dans sa voiture sans pouvoir en (　　　).

(2) Un (　　　) produit par l'animal qui s'(　　　) dans le véhicule.

(3) Non, parce qu'elle n'a pas (　　　) l'(　　　) de la situation.

(4) Il a (　　　) la (　　　) avec un bâton.

(5) C'est la (　　　) de l'(　　　) qu'il y avait dans la voiture.

（読まれるテキスト）

La journaliste : Il paraît que vous avez vécu une soirée terrible hier. Qu'est-ce qui s'est passé ?

Raphaël : Un ours s'est introduit dans ma voiture vers minuit, sans réussir à rouvrir la portière pour en ressortir.

La journaliste : Qu'est-ce que vous faisiez à ce moment-là ?

Raphaël : J'étais dans mon lit, quand j'ai été réveillé par un craquement. J'ai regardé par la fenêtre et découvert que l'ours s'agitait dans ma voiture.

La journaliste : Comment est-ce que vous avez réagi ?

Raphaël : J'ai appelé la police, mais ne comprenant pas l'urgence de la situation, elle m'a dit que des agents spécialisés se déplaceraient le lendemain.

La journaliste : Qu'est-ce que vous avez fait, alors ?

Raphaël : J'ai pris mon courage à deux mains et j'ai ouvert la portière à l'aide d'un bâton pour libérer l'animal. L'ours s'est sauvé tout de suite.

La journaliste : Quels ont été les dégâts dans la voiture ?

Raphaël : Le plafond a été arraché à coups de griffes et le pare-brise fracturé. Mais j'ai surtout été étonné par l'odeur tenace. Les ours ne sentent vraiment pas bon !

（読まれる質問）

un : Quel animal a fait passer une soirée terrible à Raphaël ?
deux : Qu'est-ce qui a réveillé Raphaël ?
trois : La police est-elle venue tout de suite ?
quatre : Qu'est-ce que Raphaël a fait pour libérer l'animal ?
cinq : Qu'est-ce qui a étonné Raphaël ?

解 説　フランス語の文章とその内容に関する質問を聞き取り、質問に対する答えの文を、空欄をうめる形で完成させる問題です。設問によっては、聞き取った語をそのまま転記するだけではなく、内容のパラフレーズが必要な場合があり、解答には、文意の把握と同時に、派生語や表現に関する知識が求められます。

聞き取り[1]では、インタビュー形式の対話文が出題されることが多いのですが、今回も、車に閉じ込められたクマを逃がした男性へのインタビューが取り上げられています。

(1)　Quel animal a fait passer une soirée terrible à Raphaël ?「Raphaëlに恐ろしい一夜を過ごさせることになった動物は何ですか」

ジャーナリストとRaphaëlの冒頭のやりとりに注目しましょう。Il paraît que vous avez vécu une soirée terrible hier. Qu'est-ce qui s'est passé ?「きのう、恐ろしい一夜を過ごされたようですね。何が起きたのですか」というジャーナリストの質問に対し、RaphaëlはUn ours s'est introduit dans ma voiture vers minuit, sans réussir à rouvrir la portière pour en ressortir.「1頭のクマが真夜中ごろに私の車のなかに入り込み、そこから出るためにドアをもう一度開けることができなくなってしまったのです」と答えています。この Raphaël の発言をふまえると、1 つ目の空欄には ours、2 つ目の空欄には ressortir を入れ、C'est un (ours) qui est entré dans sa voiture sans pouvoir en (ressortir).「1 頭のクマが彼の車のなかに入り込み、そこから出ることができなくなってしまいました」とするとよいとわかります。なお、2 つ目の空欄については、ressortir のかわりに sortir、redescendre としてもかまいません。1 つ目の空欄については、*ourse* というつづりミスが散見されました。また、2 つ目の空欄については、*resortir* と s を重ねるのをおこたった答案が 3 割近く見られたのが残念です。*minuit*、*ouvrir* とした答案、無回答の答案もかなりありました。

得点率は順に 73%、26%でした。

(2) Qu'est-ce qui a réveillé Raphaël ?「Raphaël は何のせいで目を覚ましましたか」

Raphaël の 2 番目の発言には、J'étais dans mon lit, quand j'ai été réveillé par un craquement. J'ai regardé par la fenêtre et découvert que l'ours s'agitait dans ma voiture.「私はベッドのなかにいたのですが、みしみしいう音で目を覚ましました。窓から眺めたところ、クマが私の車のなかで動きまわっているのを発見しました」とあります。この発言をふまえ、1 つ目の空欄には craquement、2 つ目の空欄には agitait を入れ、Un (craquement) produit par l'animal qui s'(agitait) dans le véhicule.「車のなかで動きまわる動物のたてていたみしみしいう音」とすればよいでしょう。1 つ目の空欄については、bruit、son も可ですが、*claquement* とした答案、無回答の答案が多数ありました。2 つ目の空欄については、*agite* と直説法現在にした答案、*agiter* と不定法を記した答案、*agittait* というつづりミスをした答案などが見うけられました。

得点率はそれぞれ 62%、61%でした。

(3) La police est-elle venue tout de suite ?「警察はすぐに来ましたか」

クマが自分の車のなかにいるのを見つけたという Raphaël の発言を受けて、ジャーナリストは Comment est-ce que vous avez réagi ?「どのように対応したのですか」と尋ねます。これに対して、Raphaël は J'ai appelé la police, mais ne comprenant pas l'urgence de la situation, elle m'a dit que des agents spécialisés se déplaceraient le lendemain.「警察を呼びましたが、警

察は状況の緊急性を理解せず、翌日専門の警官が行くと言いました」と答えています。この Raphaël の発言の ne comprenant pas l'urgence de la situation という一節をふまえ、1 つ目の空欄には compris、2 つ目の空欄には urgence を入れると、Non, parce qu'elle n'a pas (compris) l'(urgence) de la situation.「いいえ、なぜなら状況の緊急性を理解しなかったからです」という文が完成します。1 つ目の空欄には compris のかわりに vu、saisi、réalisé を入れてもかまいません。Raphaël の発言では現在分詞で用いられている動詞 comprendre を直説法複合過去に変換する必要があったにもかかわらず、正答率が高かったのはさすが 1 級の受験者と言うべきところですが、一方で *compri*、*compis* などとした答案も認められたことも記しておきたいと思います。2 つ目の空欄については、urgence のかわりに importance としても可です。ここでも *urgeance* というようなつづりミスが確認されました。

得点率は 80%、90%でした。

(4) Qu'est-ce que Raphaël a fait pour libérer l'animal ?「その動物を逃がすために Raphaël はどうしましたか」

Raphaël の 4 番目の発言には、J'ai pris mon courage à deux mains et j'ai ouvert la portière à l'aide d'un bâton pour libérer l'animal. L'ours s'est sauvé tout de suite.「私は勇気をふるい起こし、その動物を逃がすために棒を使ってドアを開けました。クマはすぐに逃げ出しました」とあります。この発言の j'ai ouvert la portière à l'aide d'un bâton という一節をもとに、1 つ目の空欄には ouvert、2 つ目の空欄には portière を入れるとよいでしょう。Il a (ouvert) la (portière) avec un bâton.「彼は棒を使ってドアを開けました」が正解です。1 つ目の空欄については ouvert のかわりに débloqué としてもかまいません。この空欄については *pris* とした答案、無回答の答案が見うけられました。2 つ目の空欄については、porte としても可ですが、この空欄については *portier* というつづりミスがかなりありました。

得点率は 68%、53%でした。

(5) Qu'est-ce qui a étonné Raphaël ?「Raphaël は何に驚きましたか」

ジャーナリストの Quels ont été les dégâts dans la voiture ?「車にはどのような被害がありましたか」という質問に対し、Raphaël はまず、Le plafond a été arraché à coups de griffes et le pare-brise fracturé.「天井が爪で引っか

かれてもぎ取られ、フロントガラスが壊れました」と答え、さらに、Mais j'ai surtout été étonné par l'odeur tenace. Les ours ne sentent vraiment pas bon !「でも、とくにしつこいにおいに驚きました。クマは本当にいやなにおいがするんです！」とつづけています。解答に際しては、j'ai surtout été étonné par l'odeur tenaceという一節に注目しましょう。なお、1つ目の空欄を適切にうめるには、形容詞tenaceを名詞ténacitéにかえる必要があります。2つ目の空欄にはodeurを入れましょう。すると、C'est la (ténacité) de l'(odeur) qu'il y avait dans la voiture.「車のなかにあったにおいのしつこさです」という文が完成します。1つ目の空欄については、force、persistance、virulenceとしてもかまいませんが、形容詞を名詞化するという操作が必要なため、難問だったようです。*tenace*と形容詞のままにした答案、無回答の答案、*odeur*（*ordeur*としたものもあり）とした答案、*plafond*と記した答案などさまざまな誤答が確認されました。*tenacité*というおしいつづりミスもありました。2つ目の空欄については、*ours*、*ordeur*、*animal*、*arraché*といった誤答が確認されました。1つ目の空欄に入れるべき語でつまずいたことが影響してか、無回答の答案もかなりありました。

得点率は1%、53%でした。

聞き取り1全体の得点率は57%でした。

解答　(1) (ours) (ressortir)　(2) (craquement) (agitait)
(3) (compris) (urgence)　(4) (ouvert) (portière)
(5) (ténacité) (odeur)

2

（読まれるテキスト）

Dimanche, il y a eu un vol de 10 000 bijoux au centre commercial Espace Saint-Georges de Toulouse. Les cambrioleurs ont profité de la fermeture dominicale du centre pour agir en toute impunité dans une bijouterie. Le préjudice s'élève à 500 000 euros. Les faits ont été intégralement filmés par les caméras de vidéosurveillance. Vers six heures du matin, deux hommes cagoulés sont arrivés aux abords de la boutique. Équipés d'une disqueuse, ils ont découpé le rideau de fer du magasin pour pénétrer à l'intérieur. En 30 minutes, ils se sont emparés des bijoux, avant de prendre la fuite. Un système d'alarme avait bien été installé dans le magasin, mais l'alerte a été envoyée sur le portable de la responsable, qui ne l'a pas vue. C'est un passant qui a téléphoné à la police vers midi. Les policiers espèrent retrouver des empreintes qui pourraient les mettre sur la piste des malfaiteurs. C'est le second cambriolage de ce type en moins d'une semaine à Toulouse. Mardi dernier, une bijouterie de l'Espace Gramont avait également été attaquée et deux employés du magasin avaient été blessés.

（読まれる内容について述べた文）

un : Les cambrioleurs ont pris deux mille bijoux.

deux : Aucun centre commercial toulousain n'est fermé le dimanche.

trois : Les caméras de vidéosurveillance ont filmé tout le cambriolage.

quatre : Les malfaiteurs sont arrivés tête nue sur place vers six heures du matin.

cinq : Les cambrioleurs ont découpé le rideau de fer avec une scie à disque.

six : Les auteurs du cambriolage sont restés un quart d'heure à l'intérieur de la bijouterie.

sept : Le système d'alarme du magasin ne fonctionnait pas.

huit : La police a reçu le coup de téléphone du passant tôt le matin.

neuf : En moins d'une semaine, il y a eu deux cambriolages du même genre à Toulouse.

dix : Dans le cambriolage de mardi dernier, il n'y avait eu aucun blessé.

解説 ある程度の長さの文と、その内容について述べた設問文を聞き取り、後者の内容が前者と一致するかどうかを判断する問題です。

今回出題された問題は、宝石店強盗事件について報じたニュースです。

(**1**) Les cambrioleurs ont pris deux mille bijoux.「強盗は 2000 個の宝石を奪った」

本文冒頭には、Dimanche, il y a eu un vol de 10 000 bijoux au centre commercial Espace Saint-Georges de Toulouse.「日曜日、トゥールーズのショッピングセンター Espace Saint-Georges で 10000 個の宝石が盗まれた」とありますので、設問文は本文の内容に一致しません。

(**2**) Aucun centre commercial toulousain n'est fermé le dimanche.「トゥールーズでは、日曜日に閉まっているショッピングセンターは 1 つもない」

本文第 2 文には、Les cambrioleurs ont profité de la fermeture dominicale du centre pour agir en toute impunité dans une bijouterie.「強盗は、なんの処罰も受けずに宝石店で行動するため、このセンター［= Espace Saint-Georges］が日曜日に閉店であることを利用した」とありますので、設問文は本文の内容に一致しません。

(3) Les caméras de vidéosurveillance ont filmé tout le cambriolage.「監視カメラが強盗の一部始終を録画していた」

本文第4文には、Les faits ont été intégralement filmés par les caméras de vidéosurveillance.「出来事は完全に監視カメラで録画されていた」とありますので、設問文は本文の内容に一致します。

(4) Les malfaiteurs sont arrivés tête nue sur place vers six heures du matin.「犯人たちは午前6時ごろになにもかぶらずに現場に到着した」

本文第5文には、Vers six heures du matin, deux hommes cagoulés sont arrivés aux abords de la boutique.「午前6時ごろ、覆面をつけた2人の男が店の近辺に到着した」とありますので、設問文は本文の内容に一致しません。cagoulé「覆面をつけた」という語がややむずかしかったのか、あまりできがよくありませんでした。

(5) Les cambrioleurs ont découpé le rideau de fer avec une scie à disque.「強盗はシャッターを電動丸ノコで切断した」

本文第6文には、Équipés d'une disqueuse, ils ont découpé le rideau de fer du magasin pour pénétrer à l'intérieur.「彼ら［= 2人の男］は電動丸ノコを持っており、店内に侵入するために店のシャッターを切断した」とありますので、設問文は本文の内容に一致しています。une scie à disque、une disqueuseといった表現が受験者にはなじみがなかったのか、本設問も正答率が低めでした。

(6) Les auteurs du cambriolage sont restés un quart d'heure à l'intérieur de la bijouterie.「強盗犯は宝石店内に15分間とどまった」

本文第7文には、En 30 minutes, ils se sont emparés des bijoux, avant de prendre la fuite.「彼ら［= 2人の男］は30分で宝石を奪取すると、逃亡した」とあります。強盗犯が宝石店内にとどまった時間がことなっていますので、設問文は本文の内容に一致しません。

(7) Le système d'alarme du magasin ne fonctionnait pas.「店の警報装置は機能していなかった」

本文第8文には、Un système d'alarme avait bien été installé dans le magasin, mais l'alerte a été envoyée sur le portable de la responsable, qui ne l'a pas vue.「店には警報装置が備えられていた。しかし、警報は責任者の携帯に送信されていたものの、責任者はそれを見なかったのだ」とありますので、設問文は本文の内容に一致しません。

(8) La police a reçu le coup de téléphone du passant tôt le matin.「警察は朝早くに通行人の電話を受けた」

本文第9文には、C'est un passant qui a téléphoné à la police vers midi.「通行人が正午ごろに警察に電話をした」とあります。通報した時間帯がことなっていますので、設問文は本文の内容に一致しません。

(9) En moins d'une semaine, il y a eu deux cambriolages du même genre à Toulouse.「トゥールーズでは1週間もたたないうちに同様の強盗が2件あった」

本文第11文には、C'est le second cambriolage de ce type en moins d'une semaine à Toulouse.「この種の強盗がトゥールーズで1週間もたたないうちに起きるのは2回目だ」とありますので、設問文は本文の内容に一致しています。

(10) Dans le cambriolage de mardi dernier, il n'y avait eu aucun blessé.「先週火曜日の強盗事件では、けが人は1人もいなかった」

本文最後の文には、Mardi dernier, une bijouterie de l'Espace Gramont avait également été attaquée et deux employés du magasin avaient été blessés.「先週の火曜日には、Espace Gramontの宝石店も襲撃されていて、店の従業員が2人けがをしていたのだ」とありますので、設問文は本文の内容と一致していません。

得点率は(1) 76%、(2) 87%、(3) 92%、(4) 66%、(5) 67%、(6) 78%、(7) 75%、

(8) 93%、(9) 80%、(10) 98%、聞き取り2全体では81%でした。

解答　(1) ②　(2) ②　(3) ①　(4) ②　(5) ①
(6) ②　(7) ②　(8) ②　(9) ①　(10) ②

1次試験配点表

筆記試験	1	2	3	4	5	6	7	8	9	小計	書き取り	小計	聞き取り	1	2	小計	計
	12点	8	8	5	10	10	12	15	20	100		20		20	10	30	150

2 次 試 験

試験方法

(a) 試験は個人面接の形でおこなわれます。
面接委員はフランス語を第一言語とする委員1人+日本語を第一言語とする委員1人です。

(b) 試験室に入室する3分前に**A**、**B**一組の問題を渡されます。
A、**B**どちらかの問題を選び、3分間程度の論述exposéをまとめます。

(c) 入室すると面接委員が本人確認をおこないます。

(d) 用意した論述をおこないます。

(e) 論述の内容をふまえ、面接委員との間で質疑応答をおこないます。

(f) 試験時間は入室から退室まで、全体で約9分間です。

解　説

2次試験の問題は、**A**、**B**　2つのテーマからなり、いずれか1つを選択します。**A**は政治や経済、社会などに関する、どちらかといえば時事的な問題、**B**は日常的、一般的な話題を扱ったものです。今季の出題は以下のとおりでした。

【日本】

1. **A)** 核武装についてどのように考えますか。
   B) 何歳まで働きつづけなければならないと思いますか。

2. **A)** 日本では出生率が下がりつづけています。これについてどのように考えますか。
   B) 菜食主義あるいはヴィーガニズムについてどのように考えますか。

2次試験では、選択したテーマに関する受験者のexposé（口頭論述）と質疑応答をもとに、2人の面接委員が、論述の内容、質疑応答の能力およびフランス語の能力について、以下の3つの基準に沿って評価をおこないます。

⑴ **論述の内容**

論述に論理的な構成があり、主張が具体例にもとづいて説得的に提示されていること。

⑵ **質疑応答の能力**

面接委員の質問に的確に応答し、自分の主張に対して示された意見や見解をふまえた議論の展開ができること。

⑶ **フランス語の能力**

フランス語の発音、文法知識が正確であること。語彙、表現が豊かで洗練されていること。

あたえられた問題について、具体例をあげながら論理的に exposé をおこなうことは日本語でもけっして容易なことではありません。日ごろから日仏の新聞や雑誌を読んだり、ニュースを視聴したりして、どのような問題に人々の関心が集まっているのか注意するよう心がけましょう。

実際に面接委員を担当していて気になることが、exposé の構成力の低さです。どれほど流暢にフランス語が話せても、中身のない exposé では高い評価を得ることができません。1つの問題について多面的に分析し、論理展開を考えるようにしてください。たとえば、核武装について考えをまとめるよう求める 1. **A)** であれば、一生活者として、日本国民として、あるいは人類の一員としてというようにさまざまな立場からこの問題を検討することが可能です。また、核武装については反対の立場をとる人が少なくないと思われますが、核抑止力の保有といった観点から核武装に賛成する人がいる可能性も念頭に置きながら、なぜ核武装が許されないのか、いくつかの論拠をあげつつ、話を進めていきましょう。具体的には、核拡散の深刻化、軍拡競争の加速などが論拠として考えられるでしょう。日本が唯一の被爆国であるという歴史的背景を引き合いに出すことも可能です。

exposé を準備する際には、一個人の関心の範囲内で話をとどめるのではなく、広い視野から問題を検討することも必要です。今回の問題で言えば、1. **B)** はその好例です。「何歳まで働くべきか」という問題は、多くの人にとってきわめて身近な話題と言えます。自分の体力の問題、経済事情、生きがいといった観点からなんらかの話をまとめることはできるでしょう。しかし、こうした個人的な関心事で話を終始させるのではなく、少子化にともなう労働力不足、年金問題といった社会問題にまで目配りしつつ、論理展開していくことも必要です。年金問題については、2023 年春、支給開始年齢の引き上げをめぐって、フランスでも各地で抗議活動が展開されました。年金問題をめぐる日仏比較まで織り込むことができれば、さらに質の高い exposé ができるでしょう。

この日仏比較が有効な切り口として使えそうなのが、2. **A)** です。「異次元の少子化対策」ということばが誕生するほど、日本政府は出生率の低下を深刻な問題ととらえ、その解決を喫緊の課題としています。そして、児童手当の拡充を中心とした経済的支援の強化、仕事と子育ての両立を念頭に置いた保育サービスの拡充、働き方改革といった対策を進めていこうとしています。このような日本の実情について考えを述べるに際して、EU でももっとも高い出生率をほこるフランスと比較することは、充実した口頭論述をおこなううえで、ぜひとも求められます。フランスの家族手当の手厚さや保育サービスの充実ぶりは、日本の未来を考えるうえでも、ヒントになるはずです。

問題のなかには、賛否の立場を容易にきめがたいものもふくまれます。2. **B)** などはその一例です。菜食主義やヴィーガニズムを実践するかどうか、という個人の意見にとどまらず、殺生をめぐる倫理上の問題、環境問題、健康あるいは栄養学的な問題などにふれながら、菜食主義やヴィーガニズムのメリット、デメリットを提示するようにしましょう。そして、最終的に自分の考えをまとめるようにしてください。

フランスには、ディセルタシオンの伝統がありますが、出題される主題には賛否の立場を容易にきめがたいものもあります。賛成と反対の両方の立場から思索を掘り下げつつ自分の考えをまとめていくことが求められます。フランスの学校教育においてそうした訓練を積んできた面接委員も納得するような構成の exposé を展開できることをめざしましょう。

『仏検公式ガイドブックセレクション　1 級』（駿河台出版社、2020 年）には、過去問が豊富に掲載されています。過去問をもとに、実際に exposé を作ってみてください。文章に書いてみてネイティブの先生に添削してもらうのも有益でしょう。ぜひ活用してください。

準１級

準 1 級の内容と程度

●程 度

日常生活や社会生活を営むうえで必要なフランス語を理解し、一般的な内容はもとより、多様な分野についてのフランス語を読み、書き、聞き、話すことができる。ヨーロッパ言語共通参照枠（CEFR）の B2 にほぼ対応しています。

標準学習時間：500 時間以上

●試験内容

読　む	一般的な内容の文章を十分に理解できるだけでなく、多様な分野の文章についてもその大意を理解できる。
書　く	一般的な事柄についてはもちろんのこと、多様な分野についても、あたえられた日本語を正確なフランス語で書き表わすことができる。
聞　く	一般的な事柄を十分に聞き取るだけでなく、多様な分野にかかわる内容の文章の大意を理解できる。
話　す	身近な問題や一般的な問題について、自分の意見を正確に述べ、相手ときちんとした議論ができる。
文法知識	文の書きかえ、多義語の問題、前置詞、動詞の選択・活用などについて、かなり高度な文法知識が要求される。

語彙：約 5,000 語

●試験形式

1 次試験（120 点）

筆　記	問題数 8 問、配点 80 点。試験時間 100 分。マークシート方式、一部記述式。
書き取り	問題数 1 問、配点 20 点。試験時間（下記聞き取りと合わせて）約 35 分。
聞き取り	問題数 2 問、配点 20 点。語記入、マークシート方式。

2 次試験（40 点）

個人面接試験	あたえられたテーマのなかから受験者が選んだものについての発表と質疑応答。 試験時間約 7 分。

準 1 級の傾向と対策

仏検では 5 級、4 級を初級レベル、3 級、準 2 級、2 級を中級レベル、準 1 級、1 級を上級レベルと位置づけています。中級レベルの最終段階にあたる 2 級が「日常生活や社会生活を営むうえで必要なフランス語を理解し、一般的なフランス語を読み、書き、聞き、話す」能力をはかるものであるのに対し、上級レベルの準 1 級では「一般的な内容はもとより、多様な分野についてのフランス語を読み、書き、聞き、話すことができる」能力が求められます。

準 1 級受験に対応する標準学習時間は「500 時間以上」とされ、一般に 4 年制大学のフランス語・フランス文学専攻課程を卒業しただけでは足りない勉強量を前提にしています。また、語彙の範囲は 5,000 語が目安とされ、まさしく「多様な分野」にわたる語彙や表現も知っていることが必要です。語彙レベルがあがりますので、当然のことながら読解問題の論理展開は 2 級にくらべてより複雑になり、テクストも長くなります。

こうした問題に対処するためには、日ごろからさまざまなフランス語の文章を読む習慣をつけることが必要になりますが、とくにおすすめなのが、インターネット上で閲覧可能なフランス（語圏）の新聞や雑誌です。フランスでは *Le Figaro* や *Le Monde* のような全国紙にくわえ、*Le Parisien*、*Ouest France* といったさまざまな地方紙が刊行されています。最初は自分が興味をもてる分野から始めて、慣れてきたら政治、社会、経済、国際関係、文化などできるだけ幅広く「多様な分野」の記事に挑戦してみてください。その際、ただテクストの内容理解（＝仏文和訳）にとどまるのみならず、用いられている表現、論理展開といった細部にも注意を向けてみましょう。たとえば、動詞の法や時制の使われ方に注目すれば、筆記 [4] の動詞穴うめ問題対策に、そしてフランス語独特の論理展開に慣れておけば、筆記 [5] の選択式穴うめ問題対策になると考えられます。

また、聴解力の向上には、TV 5 Monde や France Info、Radio France Internationale (RFI) を活用するとよいでしょう。インターネット上の生きた素材を通してフランス（語圏）のニュース・時事問題にふれ、論点を整理しておくことは、2 次試験の対策にもつながります。

例年、筆記 [1] ～ [3] の語彙問題は多くの受験者が苦戦するところですが、豊かな語彙力の獲得には辞書に親しむことも大切です。また準 1 級レベルでは、仏和辞典、和仏辞典のみならず、*Le Petit Robert* のような仏仏辞典も使いこなせることをめざしましょう。電子辞書は持ち歩くのには手軽で便利ですが、自宅で学習するときには紙の辞書を使うことをおすすめします。また、辞書をひく際には、そのときに必要な情報だけを得て満足するのではなく、周辺の情報にも関心を向け、「楽しみながら辞書を読む」ように心がけてください。準 1 級では動詞・形容詞・副詞の名詞化の問題が出題されます（筆記 1）が、たとえばある動詞を覚えるとき、そこから派生する形容詞や名詞もいっしょに覚えるようにすれば、こうした名詞化の問題にも対応できます（聞き取り 1 にも一部、品詞の変換にかかわる出題がなされます）。また、辞書の語の定義と用例をくまなく読むことで、多義語に関する理解を問う筆記 2 のような問題にも自信をもって取り組めるようになるでしょう。筆記 3（前置詞問題）対策として、前置詞の項目をじっくり読んでみるのもよい勉強になります。前置詞については、動詞や形容詞、名詞の用法を覚える際、それらの語が形成する熟語に従属する語としてとらえられていることが少なくないように思われます。たとえば、parler de「～について話す」という表現を覚えるとき、多くの学習者はつい parler のほうに関心を向けているのではないでしょうか。しかし前置詞 de の定義を読んでみると、この熟語的表現は、目的、対象をみちびく前置詞 de の機能をもとに成り立つものであることがわかります。前置詞にはそれ自体で機能語としての役割が備わっています。前置詞の数はそれほど多くありませんので、試験直前にそれぞれの前置詞の定義に目を通しておくだけでも役立つはずです。

そして、最後に忘れてはならないのが、初級文法の復習です。筆記 8 の和文仏訳、あるいは書き取り問題では、動詞の活用、形容詞や過去分詞の性数一致といった基本的な文法事項にかかわるケアレスミスが数多く見うけられます。受験をきめた時点で、ぜひ一通り文法書を見直し、あやふやなところがないか確認してみてください。準 1 級レベルともなると、試験問題も一筋縄でいかないものが多くなりますので、不注意による失点は避けたいところです。

教場で日々フランス語を教える立場にあると、準 1 級レベルの参考書があまりないとの相談を受けることがよくあります。しかし、まずこのレベルの学習者のみなさんに強くおすすめしたいのは、安易に既存の参考書類に頼ることなく、上記のようなツールを活用し、多少まわり道してでも自分なりの学習スタンスを確立することです。時間と手間をかけてさまざまなフランス語にふれることに楽しみを見いだし、さらに深く究める知的好奇心をいだけるようになったとき、みなさんのフランス語力はきっと上級レベルに達しているはずです。

解答用紙（雛型）（67%縮小）

表面

2023年度　秋季　実用フランス語技能検定試験（準1級）筆記試験　解答用紙

会　場　名

氏　名

会場コード					
⓪	⓪	⓪	⓪	⓪	⓪
①	①	①	①	①	①
②	②	②	②	②	②
③	③	③	③	③	③
④	④	④	④	④	④
⑤	⑤	⑤	⑤	⑤	⑤
⑥	⑥	⑥	⑥	⑥	⑥
⑦	⑦	⑦	⑦	⑦	⑦
⑧	⑧	⑧	⑧	⑧	⑧
⑨	⑨	⑨	⑨	⑨	⑨

受験番号							
⓪	⓪	⓪	⓪	⓪	⓪	⓪	⓪
①	①	①	①	①	①	①	①
②	②	②	②	②	②	②	②
③	③	③	③	③	③	③	③
④	④	④	④	④	④	④	④
⑤	⑤	⑤	⑤	⑤	⑤	⑤	⑤
⑥	⑥	⑥	⑥	⑥	⑥	⑥	⑥
⑦	⑦	⑦	⑦	⑦	⑦	⑦	⑦
⑧	⑧	⑧	⑧	⑧	⑧	⑧	⑧
⑨	⑨	⑨	⑨	⑨	⑨	⑨	⑨

記入およびマークについての注意事項

1. 解答にはかならずHBまたはBの黒鉛筆（シャープペンシルも可）を使用してください。ボールペンや万年筆等でマークした解答は機械による読み取りの対象とならないため、採点されません。
2. 記入は**太線の枠内**に、マークは○の中を**正確に塗りつぶしてください**（下記マーク例参照）。
採点欄は塗りつぶさないでください。
3. 訂正の場合は、プラスチック製消しゴムできれいに消してください。
4. **解答用紙を折り曲げたり、破ったり、汚したりしないでください。**

マーク例

良い例	悪い例
●	◌ ⊠ ◌ ◌ ◐ ◌

1

解答番号	解答欄	採点欄
(1)		② ⓪
(2)		② ⓪
(3)		② ⓪
(4)		② ⓪
(5)		② ⓪

2

解答番号	解答欄
(1)	① ② ③ ④ ⑤ ⑥ ⑦ ⑧ ⑨ ⓪
(2)	① ② ③ ④ ⑤ ⑥ ⑦ ⑧ ⑨ ⓪
(3)	① ② ③ ④ ⑤ ⑥ ⑦ ⑧ ⑨ ⓪
(4)	① ② ③ ④ ⑤ ⑥ ⑦ ⑧ ⑨ ⓪
(5)	① ② ③ ④ ⑤ ⑥ ⑦ ⑧ ⑨ ⓪

3

解答番号	解答欄
(1)	① ② ③ ④ ⑤ ⑥ ⑦ ⑧ ⑨ ⓪
(2)	① ② ③ ④ ⑤ ⑥ ⑦ ⑧ ⑨ ⓪
(3)	① ② ③ ④ ⑤ ⑥ ⑦ ⑧ ⑨ ⓪
(4)	① ② ③ ④ ⑤ ⑥ ⑦ ⑧ ⑨ ⓪
(5)	① ② ③ ④ ⑤ ⑥ ⑦ ⑧ ⑨ ⓪

4

解答番号	解答欄	採点欄
(1)		② ⓪
(2)		② ⓪
(3)		② ⓪
(4)		② ⓪
(5)		② ⓪

5

解答番号	解答欄
(1)	① ② ③
(2)	① ② ③
(3)	① ② ③
(4)	① ② ③
(5)	① ② ③

6

解答番号	解答欄
(1)	① ②
(2)	① ②
(3)	① ②
(4)	① ②
(5)	① ②
(6)	① ②
(7)	① ②
(8)	① ②

7 **8** の解答欄は裏面にあります。

7

解答番号	採点欄
(1)	⓪ ① ② ③ ④
(2)	⓪ ① ② ③ ④ ⑤ ⑥ ⑦
(3)	⓪ ① ② ③ ④

8

採点欄
⓪ ① ② ③ ④ ⑤ ⑥ ⑦ ⑧ ⑨
⑩ ⑪ ⑫ ⑬ ⑭

裏面

7

(1)

(2)

(3)

8

表面

2023年度　秋季　実用フランス語技能検定試験（準1級）書き取り／聞き取り　試験　解答用紙

会　場　名

氏　名

会場コード					
⓪	⓪	⓪	⓪	⓪	⓪
①	①	①	①	①	①
②	②	②	②	②	②
③	③	③	③	③	③
④	④	④	④	④	④
⑤	⑤	⑤	⑤	⑤	⑤
⑥	⑥	⑥	⑥	⑥	⑥
⑦	⑦	⑦	⑦	⑦	⑦
⑧	⑧	⑧	⑧	⑧	⑧
⑨	⑨	⑨	⑨	⑨	⑨

受験番号							
⓪	⓪	⓪	⓪	⓪	⓪	⓪	⓪
①	①	①	①	①	①	①	①
②	②	②	②	②	②	②	②
③	③	③	③	③	③	③	③
④	④	④	④	④	④	④	④
⑤	⑤	⑤	⑤	⑤	⑤	⑤	⑤
⑥	⑥	⑥	⑥	⑥	⑥	⑥	⑥
⑦	⑦	⑦	⑦	⑦	⑦	⑦	⑦
⑧	⑧	⑧	⑧	⑧	⑧	⑧	⑧
⑨	⑨	⑨	⑨	⑨	⑨	⑨	⑨

記入およびマークについての注意事項

1. 解答にはかならずHBまたはBの黒鉛筆（シャープペンシルも可）を使用してください。ボールペンや万年筆等でマークした解答は機械による読み取りの対象とならないため、採点されません。
2. 記入は**太線の枠内**に、マークは◯の中を**正確に塗りつぶしてください**（下記マーク例参照）。
採点欄は塗りつぶさないでください。
3. 訂正の場合は、プラスチック製消しゴムできれいに消してください。
4. **解答用紙を折り曲げたり、破ったり、汚したりしないでください。**

マーク例

良い例	悪い例
●	◌ ⊠ ◌ ◌ ◐ ◌

書き取り試験注意事項　（書き取り試験解答欄は裏面にあります。）

フランス語の文章を、次の要領で3回読みます。全文を書き取ってください。

- 1回目は、ふつうの速さで全文を読みます。内容をよく理解するようにしてください。
- 2回目は、ポーズをおきますから、その間に書き取ってください（句読点も読みます）。
- 最後に、もう1回ふつうの速さで全文を読みます。
- 読み終わってから3分後に、聞き取り試験にうつります。
- 数を書く場合は、算用数字で書いてかまいません。（配点　20）

書き取り試験

採　点　欄
⓪ ① ② ③ ④ ⑤ ⑥ ⑦ ⑧ ⑨
⑩ ⑪ ⑫ ⑬ ⑭ ⑮ ⑯ ⑰ ⑱ ⑲ ⑳

聞き取り試験

1

解答番号	解　答　欄	採点欄
(1)		① ⓪
		① ⓪
(2)		① ⓪
		① ⓪
(3)		① ⓪
		① ⓪

解答番号	解　答　欄	採点欄
(4)		① ⓪
		① ⓪
(5)		① ⓪
		① ⓪

2

解答番号	解　答　欄	解答番号	解　答　欄
(1)	① ②	(6)	① ②
(2)	① ②	(7)	① ②
(3)	① ②	(8)	① ②
(4)	① ②	(9)	① ②
(5)	① ②	(10)	① ②

裏面

準1級書き取り試験　解答欄

2023年度秋季
実用フランス語技能検定試験
筆記試験問題冊子　〈準 1 級〉

問題冊子は試験開始の合図があるまで開いてはいけません。

筆　記　試　験		10 時 20 分 ～ 12 時 00 分 (休憩 20 分)
書き取り 聞き取り	試験	12 時 20 分から約 35 分間

◇**筆記試験と書き取り・聞き取り試験の双方を受験しないと欠席になります。**

◇問題冊子は表紙を含め 12 ページ、全部で 8 問題です。

注　意　事　項

1　途中退出はいっさい認めません。

2　筆記用具は **HB または B の黒鉛筆** (シャープペンシルも可) を用いてください。ボールペンや万年筆等でマークした解答は機械による読み取りの対象とならないため、採点されません。

3　解答用紙の所定欄に、**受験番号**と**カナ氏名**が印刷されていますから、まちがいがないか、**確認**してください。

4　**マーク式の解答は、解答用紙の解答欄にマークしてください。**たとえば、2 の (1) に対して ③ と解答する場合は、次の例のように解答欄の ③ にマークしてください。

例　2

解答番号	解　答　欄
(1)	① ② ● ④ ⑤ ⑥ ⑦ ⑧ ⑨ ⓪

5　記述式の解答の場合、正しく判読できない文字で書かれたものは採点の対象となりません。

6　解答に関係のないことを書いた答案は無効にすることがあります。

7　解答用紙を折り曲げたり、破ったり、汚したりしないように注意してください。

8　問題内容に関する質問はいっさい受けつけません。

9　不正行為者はただちに退場、それ以降および来季以後の受験資格を失うことになります。

10　**携帯電話等の電子機器の電源はかならず切って、かばん等にしまってください。**通信機能のある時計は使用を禁じます。

11　**時計のアラームは使用しないでください。**

12　この試験問題の複製 (コピー) を禁じます。また、この試験問題の一部または全部を当協会の許可なく他に伝えたり、漏えいしたりすることを禁じます (インターネットや携帯サイト等に掲載することも含みます)。

1　例にならい、次の (1) ～ (5) について、**A** のイタリック体の部分を変化させて **B** の (　　) 内に入れると、2つの文 **A**、**B** がほぼ同じ意味になります。(　　) 内に入れるのにもっとも適切なフランス語 (各1語) を、解答欄に書いてください。(配点　10)

(例) **A**　Son dernier livre n'était pas *intéressant*.
　　B　Son dernier livre était sans (　　).

解答：intérêt

(1) **A**　Arrête de me parler *grossièrement*.
　　B　Cesse de t'adresser à moi avec (　　).

(2) **A**　Cette région séduit beaucoup de touristes, bien que son climat soit *rude*.
　　B　Malgré la (　　) de son climat, cette région séduit beaucoup de touristes.

(3) **A**　Il faut que tu *témoignes* devant le tribunal.
　　B　La justice a besoin de ton (　　).

(4) **A**　Paul s'est senti un peu *dépaysé* quand il est arrivé dans cette ville.
　　B　En arrivant dans cette ville, Paul a éprouvé un certain (　　).

(5) **A**　Tout le monde *a été déçu*.
　　B　La (　　) a été générale.

(解説・解答 ▶ p.104)

2

次の (1) ～ (5) について、A、B の (　　) 内には同じつづりの語が入ります。(　　) 内に入れるのにもっとも適切な語を、下の ① ～ ⓪ のなかから 1 つずつ選び、解答欄のその番号にマークしてください。ただし、同じものを複数回用いることはできません。(配点　5)

(1) **A** À cause du froid, ma peau est (　　) et rouge.
B Après la discussion, ma collègue est restée (　　) toute la journée.

(2) **A** Brigitte est (　　) ; elle n'aime pas la flatterie.
B Yanis a eu une note (　　) à l'examen d'anglais.

(3) **A** Il a obtenu un poste dans une (　　) de gaz.
B Sur cette photo, l'actrice est en excellente (　　).

(4) **A** L'énigme du meurtre a enfin été (　　) par la police.
B Une deuxième porte sera (　　) pour accueillir plus de visiteurs.

(5) **A** Pendant les vacances, il y a eu une (　　) d'eau à la maison.
B Un soldat en (　　) a cherché refuge dans les montagnes.

① compagnie	② fonction	③ fuite	④ honnête	⑤ irritée
⑥ percée	⑦ repoussée	⑧ réunion	⑨ sincère	⓪ tachée

(解説・解答 ▶ p.105)

3　次の (1) ～ (5) の (　　) 内に入れるのにもっとも適切なものを、下の ① ～ ⓪ のなかから 1 つずつ選び、解答欄のその番号にマークしてください。ただし、同じものを複数回用いることはできません。(配点　5)

(1) Elle a (　　) principe de ne jamais prêter d’argent.

(2) Il va (　　) ses 60 ans.

(3) Jean a rompu (　　) Marie pour épouser Jeanne.

(4) La chèvre s’est mise (　　) l’abri de la pluie sous un arbre.

(5) Les deux bâtiments ont été construits (　　) symétrie parfaite.

① à　② avec　③ dans　④ de　⑤ en
⑥ entre　⑦ par　⑧ pour　⑨ sous　⓪ sur

（解説・解答 ▶ p.107）

4 次の文章を読み、(1) ～ (5) に入れるのにもっとも適切なものを、下の語群から1つずつ選び、必要な形にして解答欄に書いてください。ただし、同じものを複数回用いることはできません。(配点 10)

Ce lundi matin, il est survenu un accident de transport compliquant gravement la vie des Parisiens. Soudain, vers huit heures, la circulation du RER B* (1) à cause de la présence de personnes sur les voies. Une trentaine de trains sont restés bloqués pendant de longues minutes dans les tunnels.

Un grand nombre d'usagers** du RER B se sont ainsi retrouvés enfermés dans leurs wagons, dont certains ont dû être évacués. Une passagère raconte : « Nous sommes restés dans le train environ 50 minutes. Comme c'était l'heure de pointe, nous (2) de chaleur dans les wagons bondés et des gens ont eu des malaises. Nous avons attendu longtemps avant que le conducteur nous (3) d'ouvrir les portes nous-mêmes et de sortir du train. » Finalement, le trafic n'a repris que lorsque les agents (4) qu'il n'y avait plus personne sur les voies.

La direction du RER a présenté ses excuses dès le lendemain, mais de nombreux voyageurs (5) encore de cet incident et demandent un dédommagement.

* RER B : 首都圏急行鉄道網B線
** usager : 利用者

concourir	esquiver	mourir	permettre
perturber	s'assurer	s'éloigner	se plaindre

(解説・解答 ▶ p.109)

5　次の文章を読み、(1) ~ (5) に入れるのにもっとも適切なものを、それぞれ右のページの ① ~ ③ のなかから1つずつ選び、解答欄のその番号にマークしてください。(配点 5)

Un homme disparu depuis 80 ans dans les Alpes suisses a été retrouvé momifié* dans les neiges d'un glacier**. Le corps était couché (1) son matériel, une bouteille, un sac à dos, un livre et une montre.

La surprenante découverte a été faite par José Citton, employé d'une station de ski. « Je faisais une descente sur une piste quand j'ai aperçu une masse dans la neige à une cinquantaine de mètres du bord de la piste », explique-t-il. En s'approchant, il (2) du caractère exceptionnel de sa trouvaille. En effet, il s'agissait d'un homme habillé à la mode des années 40. « La glace l'a parfaitement préservé et ses affaires (3) », ajoute José.

La police précise que le corps retrouvé est celui d'un cordonnier de 30 ans. (4) qu'il tentait de rejoindre un village voisin à pied, comme cela se faisait parfois à l'époque. Il aurait alors fait une chute dans une crevasse*** du glacier, qui a aujourd'hui rendu son corps momifié en raison du réchauffement climatique. Selon Anne, une des trois filles de l'homme, qui n'avait que cinq ans au moment du drame, il était parti sans rien dire le 15 août 1943 au matin. « Nous avons passé notre vie à le chercher. (5) lui donner les obsèques qu'il mérite », raconte Anne.

* momifié : ミイラ化した
** glacier : 氷河
*** crevasse : クレバス

(1) ① à côté de
② en dépit de
③ grâce à

(2) ① a essayé de détourner son attention
② n'a pas pu s'empêcher de douter
③ s'est rendu compte

(3) ① allaient plutôt bien
② étaient perdues
③ n'étaient pas abîmées

(4) ① D'autant plus
② On a d'abord pensé
③ Tout porte à croire

(5) ① C'est dommage de
② Je n'avais pas envie de
③ Nous allons à présent pouvoir

(解説・解答 ▶ p.111)

6

次の文章を読み、右のページの (1) ～ (8) について、文章の内容に一致する場合は解答欄の ① に、一致しない場合は ② にマークしてください。(配点　16)

Enfant, on a tous eu un nounours* qui nous suivait partout, nous aidait à sécher nos larmes et accompagnait nos joies. La relation que l'on établit avec ces peluches** est si mystérieuse que des scientifiques ont récemment décidé de se pencher pour la première fois sur la question. Un millier de personnes de 14 villes de Belgique, âgées de 4 à 75 ans, ont accepté de se prêter à une expérience destinée à comprendre pourquoi on aime tant ces jouets.

Le premier enseignement de cette étude, c'est que le meilleur des nounours, c'est le nôtre et pas celui des autres. « La cause principale de réconfort, c'est le lien d'émotion unique que l'on a avec lui, confie Béatrice Wouters, chercheuse à l'Université de Liège. Cette relation peut durer toute la vie. De sorte que certains adultes gardent, auprès d'eux, les nounours de leur enfance. »

Mais le plus intéressant, c'est le portrait-robot*** du nounours idéal, qui a été dressé par les chercheurs. Devant des peluches qui n'étaient pas les leurs, la majorité des participants à cette expérience se sont spontanément attachés à des ours présentant des caractéristiques précises. « Ce qui est indispensable, c'est qu'ils soient suffisamment gros pour être pris dans les bras et serrés contre soi, et doux au toucher », explique Béatrice Wouters. Être agréable à regarder est également important, mais contrairement à ce que pensaient les chercheurs, le fait que la peluche sourie ou non demeure secondaire. Ce portrait-robot était le même pour tous les participants, sans distinction d'âge ou de sexe.

En déterminant le nounours parfait, ces conclusions peuvent notamment permettre à des établissements accueillant des enfants (hôpitaux, écoles, etc.) d'entourer ces derniers de peluches qu'ils aimeront à coup sûr.

* nounours : (幼児語で) ぬいぐるみのクマ
** peluche : ぬいぐるみ
*** portrait-robot : 典型的なイメージ

(1) Nos relations avec les ours en peluche sont étudiées depuis longtemps.

(2) Aucun des participants à l'expérience n'était âgé de plus de 80 ans.

(3) La plupart des gens trouvent les peluches des autres plus réconfortantes que les leurs.

(4) Notre lien avec les nounours se transforme inévitablement à mesure qu'on vieillit.

(5) Les chercheurs ont réussi à découvrir les caractéristiques de l'ours en peluche idéal.

(6) Un ours en peluche qui ne sourirait pas ne plairait à personne.

(7) Apparemment, enfants et adultes apprécient des caractéristiques identiques chez les nounours.

(8) Selon cet article, les résultats de cette étude serviront peut-être à améliorer les conditions d'accueil des enfants dans les hôpitaux.

(解説・解答 ▶ p.113)

7　次の文章を読み、右のページの (1) ～ (3) に、指示にしたがって**日本語**で答えてください。句読点も字数に数えます。

解答欄は解答用紙の裏面にあります。(配点　15)

En France, la notion de « *do it yourself* » (DIY), traduite en français par « faites-le vous-même », n'a jamais été aussi populaire. Il semble que les Français ont pris goût à des activités manuelles de toutes sortes. Ceci est confirmé par l'immense succès des blogs, sites et livres consacrés au bricolage, à la cuisine ou à la couture.

Si elle a explosé ces dix dernières années, cette tendance trouve ses origines dans le mouvement américain de contre-culture* des années 70, qui y voyait un moyen de se libérer du système commercial existant et de la consommation de masse. À l'époque, l'idée visait à privilégier l'action, l'indépendance et la libération. Il s'agissait de fabriquer soi-même des choses pour ne pas avoir à en acheter.

Aujourd'hui, la notion de DIY est largement adoptée par les Français. D'après un récent sondage, 8 Français sur 10 la mettent en pratique : 80 % bricolent, 35 % cultivent leurs fruits et légumes, 14 % fabriquent leurs vêtements, et 12 % leurs produits d'entretien. Ironie de l'histoire, ce secteur** constitue un marché de 95 milliards d'euros, soit le double de celui de l'habillement et de la chaussure. Évidemment, les grandes entreprises y ont vite vu une opportunité à exploiter. Elles se sont de fait mises à investir massivement dans le marché des travaux manuels.

Dernièrement, on assiste au retour de l'état d'esprit qui animait à l'origine le mouvement du « faites-le vous-même ». La prise de conscience des conséquences des activités économiques sur l'environnement a renforcé l'envie de freiner la consommation excessive et de prendre son temps pour faire les choses. Tout cela s'accompagne d'une méfiance accrue concernant les effets néfastes des produits industriels sur la santé et la nature.

* contre-culture : カウンターカルチャー
** secteur : 産業部門

(1)　筆者によれば、1970 年代のアメリカで DIY は何をめざして生みだされましたか。(25 字以内)

(2)　昨今のフランスでの DIY の流行に関して、どんな点に歴史の皮肉があると筆者は考えていますか。(40 字以内)

(3)　最近の DIY の流行には、元来の動機付けにくわえて、どのような問題意識がともなっていると筆者は指摘していますか。(25 字以内)

(解説・解答 ▶ p.115)

8

次の文章をフランス語に訳してください。
解答欄は解答用紙の裏面にあります。(配点　14)

妹が日記をつけ始めた。無造作に開いたままのこともあり、読まれてもいっこうに気にしないようだ。読む気はさらさらないが、記録として残ることを思うと、妹にはやさしくせざるをえない。

(解説・解答 ▶ p.117)

2023年度秋季
実用フランス語技能検定試験
聞き取り試験問題冊子　〈準 1 級〉

書き取り・聞き取り試験時間は、
12 時 20 分 から 約 35 分 間

先に書き取り試験をおこないます。解答用紙表面の書き取り試験注意事項をよく読んでください。書き取り試験解答欄は裏面にあります。

この冊子は指示があるまで開かないでください。

◇**筆記試験と書き取り・聞き取り試験の双方を受験しないと欠席になります。**

◇問題冊子は表紙を含め 4 ページ、全部で 2 問題です。

書き取り・聞き取り試験注意事項

1　途中退出はいっさい認めません。
2　書き取り・聞き取り試験は、CD・テープでおこないます。
3　解答用紙の所定欄に、**受験番号**と**カナ氏名**が印刷されていますから、まちがいがないか、**確認**してください。
4　CD・テープの指示にしたがい、中を開いて、日本語の説明をよく読んでください。フランス語で書かれた部分にも目を通しておいてください。
5　解答はすべて別紙の書き取り・聞き取り試験解答用紙の解答欄に、**HB または B の黒鉛筆**（シャープペンシルも可）で記入またはマークしてください。ボールペンや万年筆等でマークした解答は機械による読み取りの対象とならないため、採点されません。
6　問題内容に関する質問はいっさい受けつけません。
7　**携帯電話等の電子機器の電源はかならず切って、かばん等にしまってください。**通信機能のある時計は使用を禁じます。
8　**時計のアラームは使用しないでください。**
9　この試験問題の複製（コピー）を禁じます。また、この試験問題の一部または全部を当協会の許可なく他に伝えたり、漏えいしたりすることを禁じます（インターネットや携帯サイト等に掲載することも含みます）。

書き取り・聞き取り試験

（試験時間：約 35 分間）

書き取り試験

注意事項

フランス語の文章を、次の要領で 3 回読みます。全文を書き取ってください。

- 1 回目は、ふつうの速さで全文を読みます。内容をよく理解するようにしてください。
- 2 回目は、ポーズをおきますから、その間に書き取ってください（句読点も読みます）。
- 最後に、もう 1 回ふつうの速さで全文を読みます。
- 読み終わってから 3 分後に、聞き取り試験にうつります。
- 数を書く場合は、算用数字で書いてかまいません。（配点　20）

［ 音声を聞く順番 ］ ⓿❽ → ⓿❾ → ⓿❽

（解説・解答 ▶ p.120）

聞き取り試験

1

- まず、Mathilde へのインタビューを聞いてください。
- つづいて、それについての 5 つの質問を読みます。
- もう 1 回、インタビューを聞いてください。
- もう 1 回、5 つの質問を読みます。1 問ごとにポーズをおきますから、その間に、答えを解答用紙の解答欄にフランス語で書いてください。
- それぞれの (　　) 内に 1 語入ります。
- 答えを書く時間は、1 問につき 10 秒です。
- 最後に、もう 1 回インタビューを聞いてください。
- 数を記入する場合は、算用数字で書いてください。
  (メモは自由にとってかまいません) (配点　10)

［ 音声を聞く順番 ］ ❿ → ⓫ → ❿ → ⓬ → ❿

(1) Elle ( ) une ( ).

(2) Depuis ( ) ( ).

(3) Parce qu'avec la ( ) chaude, les ( ) d'orange se répandent dans la salle de bain.

(4) Elle a de l'( ) pour affronter les ( ) de sa journée.

(5) Elle ne se ( ) pas les ( ) en épluchant son orange.

(解説・解答 ▶ p.122)

2

- まず、Mohammed の話を 2 回聞いてください。
- 次に、その内容について述べた文 (1) ～ (10) を 2 回通して読みます。それぞれの文が話の内容に一致する場合は解答欄の ① に、一致しない場合は ② にマークしてください。
- 最後に、もう 1 回 Mohammed の話を聞いてください。
  (メモは自由にとってかまいません) (配点　10)

［ 音声を聞く順番 ］ ⓭ → ⓭ → ⓮ → ⓮ → ⓭

(解説・解答 ▶ p.125)

2 次 試 験

試験方法

◯ 2 次試験は個人面接です（面接時間：約 7 分）。
◯各自の試験開始予定時刻の 3 分前にテーマを 2 題渡します。この 3 分間に、渡された 2 題のテーマのうちいずれか 1 題について考えをまとめておいてください。
◯指示にしたがい試験室に入室し、はじめに氏名等についてフランス語で簡単な質問がありますから、フランス語で答えてください。
◯次に選択したテーマについて、3 分間、フランス語で自由に述べてください。つづいて、その内容についてフランス語で質問がありますから、フランス語で答えてください。時間の余裕があれば、一般会話をおこなうことがあります。

＊注意＊ ● テーマが渡されてから、辞書・参考書類を使ったり、音読したり、他の人と相談したりしないでください。
● 試験室入室前に携帯電話の電源を切ってください。

2023 年度は以下の問題のうちから、試験本部が選択したものを会場でお渡ししました。

次のテーマのうち、いずれか1題について考えをまとめておいてください。

【日本】

1.

A） Au Japon, certaines grandes entreprises ont adopté le système de trois jours de repos par semaine. Qu'en pensez-vous ?

B） On dit qu'au Japon, les artistes s'expriment rarement sur les questions sociales. Qu'en pensez-vous ?

2.

A） Êtes-vous content(e) que les Jeux olympiques aient lieu à Paris cet été ?

B） Ces dernières années, les tatouages sont de plus en plus communs, même au Japon. Qu'en pensez-vous ?

3.

A） En France, les vols intérieurs courts sont officiellement interdits pour réduire les émissions de CO2. Pensez-vous que cette mesure soit efficace ?

B） Que pensez-vous du règlement concernant la coupe et la couleur de cheveux dans les établissements scolaires japonais ?

（解説 ▶ p.130）

2023年度準1級

2023年度の出願者は810名（うち実受験者は707名）で、1次試験の合格者は188名、対実受験者の合格率は26.6%でした。1次試験免除者29名をくわえた217名のうち196名が2次試験を受験し、1次試験・2次試験の両方に合格した最終合格者数は143名、対実受験者の最終合格率は20%となっています。

1次試験の平均点は53点（満点は120点）、得点率は44%で、過去5回の平均（それぞれ56点および47%）を下まわりました。

出題内容のあらまし

1次［筆記］

1 動詞・形容詞の名詞化（穴うめ・記述）
2 多義語（穴うめ・選択）
3 前置詞（穴うめ・選択）
4 説明文（鉄道網の混乱に関する報道記事／動詞を選択活用／穴うめ・記述）
5 説明文（氷河で発見されたミイラ化した人体について／穴うめ・選択）
6 説明文（ぬいぐるみがあたえる影響について／内容一致・選択）
7 説明文（フランスでのDIYの流行について／日本語による内容要約・記述）
8 和文仏訳（妹の日記に対する感情／記述）

［書き取り］　談話文（ジュネーヴのある地区で起きた郵便ポストに食物を入れるいたずらの話）

［聞き取り］

1 対話文（シャワーを浴びながらオレンジを食べる習慣をもつ女性に対するインタビュー／穴うめ・記述）
2 談話文（アルジェリアの村をトラックでまわる音楽家の話／内容一致・選択）

2次［面接］（個人面談方式）受験者は試験室入室3分前に渡される2つのテーマのどちらか1つを選択し、それについて考えをまとめておく。試験室では、選択したテーマについて3分間のexposé（口頭論述）をおこない、つづいて面接委員との間にそれに関連した質疑応答がある。（試験時間約7分間）

1 次 試 験

筆記試験

解説・解答

1 **解説** 名詞化の問題です。2つの文 **A**、**B** がほぼ同じ意味になるように、**A** の文中のイタリック体で示された語（動詞・形容詞・副詞）を派生関係にある名詞に書きかえます。

(1) **A**：「私に下品な話し方をするのはやめて」

副詞 grossièrement に関係する形容詞は grossier（女性形 grossière）ですが、これを名詞化すると grossièreté となります。形容詞に -té をつける名詞化は、このほかにも léger（女性形 légère）→ légèreté など女性形に -té をつけるものと、fier → fierté のように男性形に -té をつける場合の両方があります。形容詞 gros に引きずられたのか、*grosse* や *gros*、あるいは *grosseur* などの誤答が見られました。grossier は gros から派生した形容詞ですし、どちらにも「粗野な」という意味はありますが、両者はことなる形容詞です。得点率は極端に低く、4%にとどまりました。

(2) **A**：「この地域は、気候が厳しいにもかかわらず多くの観光客を引き付けている」

形容詞 rude の名詞化で、正解は rudesse です。*rudeur*、*rudité*、*rude* などの誤答が見られました。形容詞の語末に -esse をつけて名詞化するパターンには、faible → faiblesse、jeune → jeunesse、noble → noblesse、riche → richesse、sage → sagesse のように基本語に多いので、しっかりおさえておきましょう。得点率は44%でした。

(3) **A**：「君は法廷で証言をしなければならない」

動詞 témoigner の名詞化で、正解は témoignage です。語尾 -age を用いて名詞化する動詞は、bricoler → bricolage、gaspiller → gaspillage、partager →

partage など、第1群規則動詞に多く見られます。*témoin* という誤答がひじょうに多く見られましたが、これは「証人」の意味です。次に多かった誤答は *témoinage* のようなつづりのミスでした。得点率は43％でした。

(4)　**A**：「ポールはその街に到着したとき少しとまどった」

形容詞 dépaysé の名詞化で、正解は dépaysement です。dépaysé が動詞 dépayser「～を途方にくれさせる」の過去分詞であることはすぐわかるでしょう。不定詞の語末の -er の r を取り除いて -ment をつけるパターンで名詞化される動詞は arranger → arrangement、dépasser → dépassement、lancer → lancement、recruter → recrutement、traiter → traitement のようにひじょうに多くあります。*dépaysage* という誤答が多く見られました。得点率は24％でした。

(5)　**A**：「全員が失望した」

déçu は動詞 décevoir の過去分詞で、正解は déception です。このように、-voir で終わる動詞の名詞化が -ption で終わる例としては、recevoir → réception などがありますが、この場合はアクサンがつくことに注意しましょう。ちなみに recevoir の過去分詞も reçu となりますね。*dépression* とした誤答がありましたが、これは動詞 déprimer「～を落胆させる」を名詞化したものです。得点率は24％でした。

問題1全体の得点率は28％でした。

解答　(1) grossièreté　(2) rudesse　(3) témoignage
(4) dépaysement　(5) déception

2　**解説**　多義語の問題です。2つの文 **A**、**B** の空欄両方に入る同じ1語を選択肢から選んで解答します。

(1)　**A** の空欄の前に ma peau est とあり、**B** の空欄の前に ma collègue est restée とあることから、いずれも女性名詞単数にかかる形容詞が入ることは予想できます。正解は⑤ irritée です。もとになる動詞 irriter には、「～に軽い炎症を起こさせる、～をひりひりさせる」と、「～をいらだたせる」というおもに 2 つの意味があります。文意は、**A**「寒さのせいで、私の肌はひりひりして赤くなった」、**B**「議論のあと、同僚は一日中いらいらしたままだった」となります。得点率は 56%でした。

⑵ **A** の空欄の前に Brigitte という女性の主語、**B** の空欄の前に une note という女性名詞があることから、こちらも女性単数の形容詞が入ります。**A** だけであれば先ほどの⑤ irritée、あるいは⑨ sincère を入れてもよさそうですが、**B** の note にはうまくつながりません。ここは④ honnête が正解です。この形容詞には「誠実な」という意味以外に、名詞の前に置かれて「まあまあの、悪くない」となる意味があります。**A** は「Brigitte は誠実だ。お世辞が好きではないから」、**B** は「Yanis は英語の試験でまずまずの成績を収めた」となります。得点率は 40%でした。

⑶ **A** の空欄の前に不定冠詞 une、**B** の空欄の前に形容詞 excellente があることから、いずれも女性名詞が入ることが予想されます。正解は① compagnie です。**A** で使われている意味は「会社」ですが、entreprise とことなり、保険、運輸、金融など社会的インフラを担う会社の場合に多く使われます。**B** では「いっしょにいる相手」を指しており、en compagnie de *qn/qc*「～といっしょに」、en bonne compagnie「好ましい仲間といっしょに」といった表現がよく使われます。ちなみに、compagnie は劇や踊りの一座、劇団なども指します。**A** は「彼はガス会社にポストを得た」、**B** は「この写真で、その俳優は素晴らしい仲間といっしょにいる」です。得点率は 46%でした。

⑷ **A** の空欄の前後には a été と par があり、受動態の複合過去の文になっているように見えることから、動詞の過去分詞が空欄に入ることが予想できます。また **B** の空欄も sera のあとにありますので、形容詞が入るとしても動詞の過去分詞をもとにしたものであることは判断可能です。その時点で選択肢は 4 つにしぼられますが、正解は⑥ percée となります。動詞の percer には「～に穴を開ける」、「～を通り抜ける」といった具体的な意味がありますが、「～を見抜く、見破る」といった少し抽象的な意味にもなります。

⑦ repoussée を選んだ解答も多く見られましたが、もとになる動詞 repousser は「～を押し返す」、「～を延期する」、「～を拒絶する」などの意味で、**A**、**B** いずれにもうまくつながりません。**A** は「殺人事件の謎は、ついに警察に

よって解明された」、**B** は「さらに多くの訪問者を迎えるために2つ目の扉が開かれるだろう」となります。得点率は28％でした。

(5)　**A** の空欄は不定冠詞 une のあとにあるので、女性名詞が入ることがわかります。**B** の空欄は前置詞 en のあとなのでやはり名詞が入ることが予想されます。② fonction を選んだ人がいました。たしかに un soldat en fonction で「職務についている兵士」という意味にはなりますが、**A** の空欄に fonction を入れても意味がとおりません。正解は③ fuite で、**A** は fuite d'eau「水漏れ」、**B** は en fuite「逃亡中の」を表わします。**A** は「バカンスに行っている間に自宅で水漏れが起こった」、**B** は「逃亡兵は山に逃げ場を求めた」です。得点率は59％でした。

問題2全体の得点率は46％でした。

解答　(1) ⑤　(2) ④　(3) ①　(4) ⑥　(5) ③

3

解説 文中の空欄にあてはまる適切な前置詞を選び、文を完成させる問題です。

(1)　Elle a (pour) principe de ne jamais prêter d'argent.「彼女はお金をけっして貸さないことにしている」

⑤ en や④ de を選んだ人がめだちました。たしかに、en principe「原則として」、de principe「原則的な」という表現はありますが、空欄の前後にある avoir や de + *inf.* とはうまくつながりません。ここは⑧ pour を選びます。avoir pour principe de + *inf.* で「〜することを信条としている」という意味です。「〜することを原則としてもっている」と直訳的に考えれば、この pour には、一般に無冠詞名詞をともなって内容・属性を表わす「〜として」の意味があるということがわかります。Il a pour habitude de se promener le matin.「彼は毎朝散歩することを日課にしている」など、さまざまな用例がありますので、辞書で pour をひいてしっかりと確認しておくようにしましょう。得点率はかなり低く、10％でした。

(2)　Il va (sur) ses 60 ans.「彼はそろそろ60歳だ」

③ dans を選んだ人が多く見られましたが、〈aller sur + 年齢〉で「～歳に近づく」という意味がありますので、⓪ sur を選びます。この前置詞 sur には「～しようとしている」という意味があります。Elle est sur son départ [retour].「彼女はまさに出かけよう［帰ろう］としているところだ」などと同じ用法です。この問題の得点率も低めで、18%でした。

(3) Jean a rompu (avec) Marie pour épouser Jeanne.「Jean は Marie と別れて Jeanne と結婚した」

rompre avec *qn* という表現で、「～と関係を断つ、縁を切る」という意味になります。これは「～に対抗して」という対立の意味合いをもつ avec で、似た用例としては se battre avec *qn* などがあります。得点率は 49%でした。

(4) La chèvre s'est mise (à) l'abri de la pluie sous un arbre.「そのヤギは雨を避けて木の下に隠れた」

abri は「避難場所」を指しますが、à l'abri de *qc* で「～から保護されて、免れて」という意味になり、さらに se mettre à l'abri de la pluie sous un arbre で「雨を避けて木の下に身を置く」という意味になります。様態を表わす à と考えてください。場合により de la pluie のかわりに du soleil、du vent なども入るでしょう。ちなみに、mettre *qc* à l'abri d'un mur は「～を壁のうしろに隠す」という意味です。ところで、女性名詞の chèvre は雌ヤギを指しますが（雄ヤギは bouc）、男性名詞の chèvre は、ヤギの乳で作ったチーズのことを指します。得点率は 34%でした。

(5) Les deux bâtiments ont été construits (en) symétrie parfaite.「その 2 つの建物は完全な対称形で建てられた」

状態を表わす en です。ここではとくに構造、つまり「～でできた、～からなる」を表わしており、たとえば Cette sonate consiste en quatre mouvements.「このソナタは 4 楽章からなる」の場合の en と同じです。得点率は 30%でした。

問題3全体の得点率は 28%でした。

解答　(1) ⑧　(2) ⓪　(3) ②　(4) ①　(5) ⑤

4 **解説** 文章の展開をたどりながら、空欄に該当する動詞を選び、適切な活用形に改める問題です。解答には動詞の法・時制、および過去分詞の一致に関する正確な知識が求められます。

出題の文章は、パリの鉄道で線路に人が立ち入ったために、電車が止まるなどの混乱が起きたことについての記事です。

(1) Soudain, vers huit heures, la circulation du RER B (1) à cause de la présence de personnes sur les voies.

文章は「きょう月曜日の朝、交通機関で不測の事態があり、パリの人々の生活を大きく混乱させた」という文から始まります。2文目は「突然、8時ごろに首都圏急行鉄道網B線の運行が」のあとに空欄があり、そのあとに「線路に人が立ち入ったことが原因で」とありますので、空欄には電車の運行が「乱れた」ことを示す動詞が入ることがわかります。ここは(a été perturbée)が入ります。perturberは「～を混乱させる」という意味なので、la circulationが主語である以上、受動態にする必要があります。また、時制をêtreの複合過去にすること、主語と過去分詞を性数一致させることも忘れないようにしましょう。

誤答には *a été pertubée* のような単純なつづりミスも一定数見られたほか、*a perturbé* が多く見られました。上述したように、perturberは直接目的語をともなう他動詞ですから、ただ複合過去にするだけでは不十分です。ふだんから辞書で動詞の用法をよく確認しておきましょう。得点率は26%でした。

(2) Comme c'était l'heure de pointe, nous (2) de chaleur dans les wagons bondés et des gens ont eu des malaises.

この前の部分では、多くの乗客が車内に閉じ込められたことが書かれており、そのあとに乗客のひとりが受けたインタビューが引用されています。空欄のある直前の文には「私たちは50分ぐらい電車のなかにいました」とあり、空欄のある文は「ラッシュアワーだったので、私たちは」から始まっています。l'heure de pointeという言い回しを知っていたかどうかで多少の差がついたかもしれませんが、仮に知らなくても、空欄のあとに「満員の車両のなか、暑さで」、「気分が悪くなった人もいました」とあるので、暑くて苦しんでいることを表わす動詞を入れることはわかるはずです。ここはmourirを使い、(mourions)とします。〈mourir de + 無冠詞名詞〉で「死ぬほど〜である」という表現はご存じでしょう。「暑くて死にそうだった」という過去の継続的状態を表わしているので、時制は直説法半過去になります。基本動詞でありながら、こうした時制に活用させる機会はこれまでそれほどなかったのではないでしょうか。この機会に mourir の直説法現在の活用形から見直しておきましょう。

誤答には *sommes morts* と複合過去にした例が多く見られたほか、*étions morts* とした例もめだちました。あたえられた動詞の不定詞を必要な形にするという指定があるので、形容詞は入りません。得点率はもっとも低く、8%にとどまりました。

(3) Nous avons attendu longtemps avant que le conducteur nous (3) d'ouvrir les portes nous-mêmes et de sortir du train.

先ほどの空欄のある文につづき、「私たちは、運転手が私たちに（／を）〜するまで長い間待っていました」とあり、空欄のあとには「私たちでドアを開けて、電車から出ること」という不定詞句があります。不定詞句をともなうことができる動詞は選択肢にいくつかありますが、乗客がドアを開けて電車の外に出るのは通常運転手の許可が必要になりますので、もっとも適切なのは permettre です。permettre à *qn* de + *inf.*「〜に〜することを許可する」という語法にも沿っていますね。avant que という、接続法を要求する表現のあとにある動詞なので、正解は (permette) となることにも注意が必要です。

もっとも多かった誤答は *a permis* と複合過去にしたものでした。得点率は 14%でした。

(4) Finalement, le trafic n'a repris que lorsque les agents (4) qu'il n'y avait plus personne sur les voies.

空欄（ 3 ）につづく文で、空欄（ 4 ）は「最終的には、鉄道会社が〜するときになってはじめて運転が再開した」と「線路上にもうだれもいないこと」にはさまれています。s'assurer que + *ind.*「（事実など）を確かめる」が使われていると判断できれば、(se sont assurés) という正解をみちびくことができるでしょう。再帰代名詞と過去分詞の性数一致を忘れないようにしてください。なお、文法的には複合過去で問題ないのですが、時系列に沿って厳密に考えれば、鉄道会社が決定を下さないうちは運転が再開しませんので、直説法大過去にした (s'étaient assurés) でも正解となります。

s'assuraient、*se sont assuré* とした誤答が多く見られました。得点率は41%でした。

(**5**) La direction du RER a présenté ses excuses dès le lendemain, mais de nombreux voyageurs (5) encore de cet incident et demandent un dédommagement.

空欄のある文章は「首都圏急行鉄道網の執行部は翌朝すぐにおわびを表明したが、多くの乗客がいまだにこのトラブルについて～しており、賠償を要求している」とあります。後半に demandent un dédommagement とあるのがヒントになります。乗客が賠償を要求しているということは、鉄道会社の対応になんらかの不満があるからです。近い意味のことばをさがすと、se plaindre がみつかります。se plaindre de qc/qn で「(～について) 不満を言う」のように、de をともなう表現であることも知っていれば、なお容易に (se plaignent) という正解に達したことでしょう。すぐあとに encore がつづくので、ふさわしい時制は直説法現在となります。

誤答には *se plaindent*、*se plainnent* など、plaindre の直説法現在の活用のまちがいが多くありました。craindre、atteindre、éteindre、peindre、joindre など同形の活用は多いので、しっかりと覚えておきましょう。得点率は13%とかなり低めでした。

問題4全体の得点率は20%でした。

解答 (1) a été perturbée　(2) mourions　(3) permette
(4) se sont assurés　(5) se plaignent

5 **解説** 長文を読み、空欄に対応する文の一部を選択肢から選んで文を完成させる問題です。

出題の文章は、80年前にスイスのアルプスで行方不明になった男性のミイラが氷河から発見されたというニュースについてのものです。

(**1**) 第1文につづき、発見された遺体のようすが書かれています。「遺体は横たわっていた」のあとに空欄があり、遺体の持っていた matériel「用具一式」に関する語彙がつづいています。matériel の意味がわからなくても、瓶、リュックサック、本、腕時計といったことばから、これらが遺留品を指すものであることはわかるでしょう。正解は① à côté de「～のかたわらに」です。② en dépit de「～にもかかわらず、～に反して」、③ grâce à「～のおかげで」のいずれも前後がうまくつながりません。「遺体は用具一式（瓶など）のかたわらに横たわっていた」という文意になります。得点率は 84%でした。

(**2**) 第 2 段落は、発見者のインタビューが中心になっています。引用文では、滑走中にゲレンデで雪のかたまりに気づいたことが書かれており、空欄のある文はそれを受けたものです。「近づくにつれて、彼は」のあとに空欄があり、「自分が発見したものが特別なものであること」がそれにつづきます。選択肢を見ると、① a essayé de détourner son attention「自分の注意をそらそうとした」、② n'a pas pu s'empêcher de douter「疑わずにはいられなかった」、③ s'est rendu compte「～と納得した」で、いずれも前置詞 de が後続して、それぞれ「～から注意をそらす」、「～を疑う」、「～を理解する」という表現にはなっていますが、文意に合うのは③となります。得点率は 50%でした。

(**3**) 前の空欄のある文につづいて、「実際、それは 1940 年代風の服を着た男性だった」とあり、そのあとにインタビューされた人が「氷は完全にその人を保存し、彼の持ち物は」と述べています。空欄に入るのは③ n'étaient pas abîmées「損傷がなかった」です。① allaient plutôt bien「むしろよく似合っていた」は、affaires を「衣類」ととれば文として成立はするものの脈絡がありませんし、② étaient perdues「失われていた」は、第 1 段落で遺体のかたわらに持ち物があったという記述に反しています。得点率は 73%でした。

(**4**) 空欄のある文は「警察によれば、発見された遺体は 30 歳の靴屋のものであることが明らかになった」という文につづいており、「その当時よくおこなわれていたように、彼は隣村まで歩いていこうとしていた」といった意味の文とどうつながるのかを考えます。① D'autant plus「～だけにいっそう、なおさら」は文意がつながりませんし、② On a d'abord pensé「最初は～であると考えられた」も、そのあとにその考えがくつがえされる内容が書かれていませんので不適切です。正解は③で、Tout porte à croire que + *ind.* は「すべての点から見て～であると思われる」という成句です。この場合の動詞 porter は、「～を～するように仕向ける」という意味です。② を選んだ人も多く、得点率は 33％ともっとも低めでした。

(5) 空欄があるのは、氷河のクレバスに落ち、ミイラ化した靴屋の娘のひとりがインタビューを受けている箇所です。直前には、父である靴屋が何も告げずに家を出たことが当時 5 歳だった娘によって語られています。「私たちは生涯をかけて父を探しつづけていました」と彼女が語ったあとに、冒頭に空欄のある「彼にふさわしい葬儀をあげる」という意味の文がつづいています。空欄にふさわしいのは、③ Nous allons à présent pouvoir「私たちは今は～できるでしょう」で、「やっと父にふさわしいお葬式をしてあげることができる」という意味になります。① C'est dommage de「～なのは残念だ」では直前の文とつながりません。② Je n'avais pas envie de「私は～したくなかった」も同様です。得点率は 81％でした。

問題5全体の得点率は 64％でした。

解答　(1) ①　(2) ③　(3) ③　(4) ③　(5) ③

6

解説 長文を読み、設問として示されている文の内容が本文の内容に一致するかどうかを判断する問題です。

出題の文章は、人間とぬいぐるみのクマの関係に着目した科学者の実験とその結果に関するものです。

(1) 「私たちとぬいぐるみのクマとの関係は、長い間研究の対象となっている」

本文第 1 段落の 2 文目に La relation que l'on établit avec ces peluches est si mystérieuse que des scientifiques ont récemment décidé de se pencher pour la première fois sur la question.「人がこうしたぬいぐるみのクマと作る関係はとても謎にみちているため、科学者たちは最近になってはじめてこの問題に取り組むことにした」とあります。「最近になってはじめて」という記述は設問文に一致しません。se pencher sur *qn/qc* で「～に取り組む」という言い回しも頭に入れておきましょう。得点率は 88％でした。

(2) 「実験の参加者には80歳以上の人はいなかった」

第1段落の3文目にUn millier de personnes de 14 villes de Belgique, âgées de 4 à 75 ans, ont accepté de se prêter à une expérience destinée à comprendre pourquoi on aime tant ces jouets.「ベルギーの14の町に住む4歳から75歳までの1000人ほどが、なぜ私たちがこれほどまでにこのおもちゃが好きなのかを調べるための実験に参加することに同意した」とありますので、設問文は本文に一致しています。se prêter à *qc*「〜に同意する、参加する」という表現もチェックしておきましょう。得点率は89%でした。

(3) 「ほとんどの人が他人のぬいぐるみを自分のものよりも心の支えだと感じている」

第2段落の1文目にLe premier enseignement de cette étude, c'est que le meilleur des nounours, c'est le nôtre et pas celui des autres.「この研究からまずわかったことは、最高のぬいぐるみは自分たちのもので、他の人のものではないということである」とあるので、設問文は本文に一致しません。得点率は83%でした。

(4) 「私たちとぬいぐるみのクマとの絆は、年齢が上がるにつれて変化するのは避けがたい」

第2段落の研究者Béatrice Woutersのインタビューのなかに Cette relation peut durer toute la vie. De sorte que certains adultes gardent, auprès d'eux, les nounours de leur enfance.「この関係は一生つづくこともある。その結果として、おとなのなかには彼らのそばに幼年期のぬいぐるみを置いている人もいる」とあるので、設問文は本文に一致しません。得点率は69%でした。

(5) 「研究者は理想的なぬいぐるみのクマの特徴の発見に成功した」

第3段落の1文目にMais le plus intéressant, c'est le portrait-robot du nounours idéal, qui a été dressé par les chercheurs.「しかしもっとも興味深いのは、研究者たちが理想的なぬいぐるみのクマを作りあげたことである」とあり、そのあとに抱きしめるのに十分な大きさがあること、手ざわりがやわらかいことがその条件であることが書かれています。よって、設問文は本文に一致しています。得点率は82%でした。

(6)「ほほ笑まないぬいぐるみのクマはだれも好まなかった」

第3段落の4文目に Être agréable à regarder est également important, mais contrairement à ce que pensaient les chercheurs, le fait que la peluche sourie ou non demeure secondaire.「見ために好ましいのも大事だが、研究者が考えていたのとは逆に、ぬいぐるみがほほ笑んでいるかどうかは二次的な問題にとどまっている」とあり、設問文とは一致しません。得点率は82%でした。

(7)「見たところ、ぬいぐるみのクマで好ましいと思う特徴は子どももおとなも同じであるようだ」

第3段落の最終文に Ce portrait-robot était le même pour tous les participants, sans distinction d'âge ou de sexe.「こうした典型的なイメージはすべての参加者に共通で、年齢や性別による区別はなかった」とありますので、設問文の記述は本文に一致しています。得点率は80%でした。

(8)「記事によれば、この研究の成果は、病院における子どもの状況を改善するのに役立つかもしれないとされている」

最終段落に En déterminant le nounours parfait, ces conclusions peuvent notamment permettre à des établissements accueillant des enfants (hôpitaux, écoles, etc.) d'entourer ces derniers de peluches qu'ils aimeront à coup sûr.「完璧なぬいぐるみのクマを決定することで、これらの結論はとくに、子ども向けの施設（病院、学校など）が確実に好まれるぬいぐるみを子どもたちのまわりに置くことを可能にするかもしれない」とありますので、設問文は本文に一致しています。à coup sûr「失敗の恐れなく、確実に」という表現も頭にストックしておきましょう。得点率は87%でした。

問題[6]全体の得点率は82%でした。

解答 (1) ② (2) ① (3) ② (4) ② (5) ① (6) ② (7) ① (8) ①

7

解説 長文を読み、その内容を設問にしたがって日本語で要約する問題です。出題の文章はフランスでのDIYの流行に関するものです。

(1) 第 1 段落ではまず、フランスで DIY の概念がこれまでになく流行しているという現状が提示されています。「フランス人はあらゆる種類の手仕事が好きになったようだ」という筆者の見解につづいて「このことは日曜大工や料理、縫い物などに関するブログやサイト、書籍の大成功から明らかである」と客観的な事実が述べられ、このあとにつづく第 2 段落が設問(1)に関係する部分です。Si elle a explosé ces dix dernières années, cette tendance trouve ses origines dans le mouvement américain de contre-culture des années 70, qui y voyait un moyen de se libérer du système commercial existant et de la consommation de masse.「急速に広がったのはこの 10 年のことだが、この傾向は 1970 年代のアメリカのカウンターカルチャー運動に起源をもち、この運動は既存の市場システムや大量消費から脱却する方法をそのなかに見ていた」という文章の流れを把握し、中性代名詞 y が指す内容が「DIY のなかに」であることがしっかりと理解できれば、「1970 年代のアメリカで DIY は何をめざして生みだされましたか」という設問への答えを 25 字以内にまとめるのはそれほどむずかしくないはずです。ただし、そのあとにつづく補足的な説明を無理に入れようとすると、規定の文字数に収まらなくなります。得点率は 47%でした。

(2) 3 段落目で、現在のフランスにおける DIY の流行を示す具体的な数字が示され、その直後に、設問(2)で問われている「歴史の皮肉」の語が見られます。Ironie de l'histoire, ce secteur constitue un marché de 95 milliards d'euros, soit le double de celui de l'habillement et de la chaussure.「歴史の皮肉だが、この産業部門は 950 億ユーロの市場を形成し、これは衣料品と靴の市場の 2 倍に相当する」という説明と、それにつづく 2 文 Évidemment, les grandes entreprises y ont vite vu une opportunité à exploiter.「当然ながら、まもなく大企業はそこに商機を見いだした」、Elles se sont de fait mises à investir massivement dans le marché des travaux manuels.「大企業は実際、手仕事の市場に巨額の投資を始めた」という内容を字数のなかでまとめます。設問(1)で確認した DIY が生みだされた背景との対比で、その「歴史の皮肉」は明らかです。得点率は 27%でした。

(3) 最後の段落ではまず、近年「自分でつくる」という DIY 運動の精神への原点回帰が見られることが述べられています。これは設問(3)にある「元来の動機付け」に相当する内容です。それにつづいて、経済活動が自然環境にあたえる結果に意識を向けることが、過剰な消費を抑制し、物をつくることに時間をとるという欲求を強めたと説明されています。conscience「意識」という語が使われていますが、この部分は問われている「問題意識」と少しずれるようです。該当するのは最後の一文になります。Tout cela s'accompagne d'une méfiance accrue concernant les effets néfastes des produits industriels sur la santé et la nature.「以上のことに、工業製品が健康や自然にあたえる悪影響に関して増大する不信感が加わっている」という箇所を手際よくまとめましょう。得点率は30％でした。

問題7全体の得点率は33％でした。

解答例　(1) 既存の市場システムや大量消費からの脱却。(20字)
(2) DIYが、今日では大企業の投資を招いて大規模な市場を形成している点。(34字)
(3) 健康や自然に害をおよぼす工業製品への不信感。(22字)

8

解 説　和文仏訳の問題です。

第1文：「妹が日記をつけ始めた。」

訳例：Ma petite sœur a commencé à tenir un journal, [...]

和文仏訳は、なんとなくそれらしい単語を並べていけばできあがる、といった類のものではありません。日本語とフランス語の文章の構造のちがいを意識しながら、動詞の時制の選択と活用、冠詞、形容詞の一致など、ひとつひとつの点に注意して書いていく必要があります。

それほど複雑ではない冒頭部からつまずいている答案がめだちました。「日記をつけ始めた」は、「～し始める」commencer à + *inf.* と「日記をつける」tenir un journal という表現を組み合わせて、複合過去にすれば、Ma sœur a commencé à tenir un journal という書き出しが作れるはずです。「～し始める」は se mettre à + *inf.* を使うこともできますが、その場合は複合過去で Ma sœur s'est mise à (...) と過去分詞を一致させる必要があります。

第2文：「無造作に開いたままのこともあり、読まれてもいっこうに気に

しないようだ。」

訳例：[…] qu'elle laisse parfois traîner ouvert. Elle semble ne pas se soucier que quelqu'un le lise.

誤答で多く見られるのは、日本語では省略されている主語の変化に無頓着なままフランス語に移しかえようとして、意味がずれてしまうパターンです。この第 2 文の例で言えば「無造作に開いたままのこともあり」は「妹は日記帳を無造作に開いたままのこともあり」のようにおぎなう必要があります。訳例では、こうしておぎなった目的語「日記帳」を先行詞として、関係代名詞 que を用いて文をつなげています。このように、フランス語の文章では、日本語とちがう部分で文を切ったほうが自然な表現になったり、書きやすくなったりすることも多くあります。

「無造作に開いたままのこともあり」の部分に laisser ouvert という表現を用いたり、「無造作に」に négligemment / nonchalamment / avec négligence / avec nonchalance などをあてて、[…] qu'elle laisse parfois négligemment ouvert. のような文章にしてもいいでしょう。「こともあり」は de temps en temps などの表現でもかまいません。

「読まれてもいっこうに気にしないようだ」は、これも日本語をおぎなって「日記を読まれても妹はいっこうに気にしないようだ」としてフランス語にしましょう。「ようだ」や「気にしない」の部分は、解答例のほかに On [dirait / a l'impression] qu'elle [ne se préoccupe pas / se fiche] que […] のように書くこともできます。

第 3 文：「読む気はさらさらないが、記録として残ることを思うと、妹にはやさしくせざるをえない。」

訳例：Je n'ai pas la moindre envie de mettre mon nez dedans, mais l'idée qu'elle y consigne ce qui se passe m'incite à faire preuve de gentillesse à son égard.

「さらさらない」のような強い否定は、解答例の書き方のほかに Je n'ai absolument aucune intention とすることもできます。また、解答例では mettre mon nez dedans という表現を用いましたが、ここはたとえば le lire などのようにシンプルに書いてもかまいませんし、実際にそうした解答が多く見られました。ただしこの場合にも、文意は「私は彼女の日記を読む気はさらさらないが」なのですから、lire の目的語を代名詞でおぎなうことを忘れないようにしてください。

「記録として残ることを思うと」以降の部分は、日本語としての解釈が必要です。ここでは、妹が出来事を日記に書き残すのならば、あまり妹に対して悪いことはできない、という語り手の気持ちが現れています。「記録」に document などのフランス語をあてた解答がありましたが、単語の置きかえだけではうまくいきません。また record という語も多く見られましたが、これは「(スポーツなどの) 記録」であって、今回の文脈には合致しません。

以上のことをふまえれば、「記録として残ることを思うと」は、quand je pense qu'elle y consigne ce qui se passe, [...] のように書くことができます。「記録する」には consigner のほか、noter / écrire / rédiger / enregistrer などの動詞をあてても意味のうえではそれほど変わりません。ただし、quand je pense que [...] を用いたこの表現では、妹の「記録する」という行動は客観的な事実ではなく、あくまでも語り手の主観にとどまるため、接続法を使うほうが自然です。

「やさしくする」という表現は lui témoigner de l'amabilité / me montrer aimable や、あるいはもっとシンプルに être gentil や être doux を使ってもいいでしょう。なお、このテクストでは、語り手の性別は示されていません。語り手を女性とする場合は être gentille / être douce となります。元の文章で限定されていない場合、語り手の性別はどのように想定してもかまいませんが、全体が統一されるように気をつけてください。

得点率は26%でした。

解答例 Ma petite sœur a commencé à tenir un journal, qu'elle laisse parfois traîner ouvert. Elle semble ne pas se soucier que quelqu'un le lise. Je n'ai pas la moindre envie de mettre mon nez dedans, mais l'idée qu'elle y consigne ce qui se passe m'incite à faire preuve de gentillesse à son égard.

書き取り・聞き取り試験

解説・解答

書き取り試験

解説 ジュネーヴのある地区における、不思議ないたずらについての話です。

出題文は4つの文からなりますが、それぞれ多くの受験者がつまずいた箇所を中心に見ていくことにします。全体の得点率は31%でした。

第1文：Pendant 18 mois, les habitants d'un quartier de Genève ont été victimes d'une étrange plaisanterie.

この文の主語はles habitants d'un quartierですが、quartierは聞き取れても*du quartier*や*dans quartier*とした誤答が多くありました。また、動詞êtreの複合過去ont étéのあとのvictimesは複数形にしなくてはいけません。ですが、この文章でいちばんむずかしかった部分はd'une étrange plaisanterieのようです。*du étrange (...)*とした誤答などは、duのあとに母音字がくることはない（その場合はde l'となる）といった基本的な規則を知っていれば防げるはずのものでしょう。めだったのはplaisanterieのつづりのまちがい、とくにtのあとのeの書き落としです。

第2文：De temps à autre, quelqu'un venait déposer dans leurs boîtes aux lettres une saucisse grillée avec un peu de sauce, posée sur une tranche de pain de campagne.

冒頭のde temps à autreはde temps en tempsと同様の意味で用いられる表現ですが、あまりなじみがなかったのか、正しく書けている解答は多くありませんでした。そのあとのquelqu'un venait déposerは、venir + *inf.*で「～しにくる」という表現が用いられています。このdéposerの部分を過去分詞の*déposé*としている誤答が多くありました。またboîtes aux lettresも、正しいつづりで書けている解答は少なかったようです。これは町なかの「郵便ポスト」と家庭の「郵便受け」の両方を指す語です（このテクストでは後者の意味です）。

第3文：L'identité de cette personne est restée inconnue jusqu'au jour où une policière, venue passer ses vacances dans le coin, a découvert par hasard un boucher en train de mettre une saucisse dans la boîte aux lettres de la bibliothèque du quartier.

この文では、jusqu'au jour のあとの où が書かれていない解答がひじょうに多くありました。それでは jour を先行詞とした「～した日」という文意にはなりません。文章の構造を確認しながらもう一度読み直して、こうしたミスを防ぐことが大切です。見直し時間を有効に使ってください。また、est restée inconnue を *est resté inconnu* としたり、venue passer を *venu passer* としたりといった解答もめだちました。これも見直しによって防ぐことのできるものです。

第4文：Quant au motif de cette curieuse blague, son auteur ne l'a toujours pas révélé.

Quant au motif の部分について、au motif なのか *aux motifs* なのかは、この部分だけでは判断がつきません（「動機」の意味では複数形もよく用いられます）。ですが、文の後半では son auteur ne l'a toujours pas révélé となって代名詞 le (l') で置きかえられているのですから、ここは単数形の motif であることは明らかです。

書き取り問題ではよく問われますが、複合時制に活用された他動詞（ここでは複合過去の a révélé）の前に直接目的語がくる場合、過去分詞は直接目的語に性数一致する、という文法規則はしっかり把握できているでしょうか。ここでは動詞の前に置かれているのは motif を代名詞で受けた le (l') ですから、男性・単数のため révélé は性数一致の変化をしていません。今回はそうだとしても、こういうケースではかならず確認を忘れないように心がけてください。

解答 Pendant 18 mois, les habitants d'un quartier de Genève ont été victimes d'une étrange plaisanterie. De temps à autre, quelqu'un venait déposer dans leurs boîtes aux lettres une saucisse grillée avec un peu de sauce, posée sur une tranche de pain de campagne. L'identité de cette personne est restée inconnue jusqu'au jour où une policière, venue passer ses vacances dans le coin, a découvert par hasard un boucher en train de mettre une saucisse dans la boîte aux lettres de la bibliothèque du quartier. Quant au motif de cette curieuse blague, son auteur ne l'a toujours pas révélé.

聞き取り試験

1

(1) Elle ( ) une ( ).
(2) Depuis ( ) ( ).
(3) Parce qu'avec la ( ) chaude, les ( ) d'orange se répandent dans la salle de bain.
(4) Elle a de l'( ) pour affronter les ( ) de sa journée.
(5) Elle ne se ( ) pas les ( ) en épluchant son orange.

(読まれるテキスト)

Le journaliste : On dit que vous avez trouvé une façon peu commune de bien démarrer la journée.

Mathilde : C'est vrai. Tous les matins, je mange une orange sous la douche.

Le journaliste : Ah bon ! Comment avez-vous eu cette idée ?

Mathilde : Depuis mon enfance, je buvais du jus d'orange au petit-déjeuner, mais je voulais changer un peu cette habitude.

Le journaliste : Que vous apporte cette nouvelle habitude ?

Mathilde : Avec la vapeur chaude, les odeurs d'orange se répandent dans toute la salle de bain. Ça sent très bon et ça me donne de l'énergie pour affronter les difficultés de ma journée.

Le journaliste : Est-ce qu'il y a d'autres avantages ?

Mathilde : Oui. En mangeant sous la douche, je ne me salis pas les doigts quand j'épluche mon orange.

（読まれる質問）

un : Que fait Mathilde tous les matins en mangeant une orange ?

deux : Depuis quand Mathilde buvait-elle du jus d’orange au petit-déjeuner ?

trois : Pourquoi est-ce que Mathilde aime sa nouvelle habitude ?

quatre : Comment se sent Mathilde lorsqu’elle sort de la salle de bain ?

cinq : Selon Mathilde, quel est l’autre avantage de sa nouvelle habitude ?

解説 フランス語の対話文（インタビュー形式であることが多いです）とその内容に関する質問を聞き取り、質問に対する答えとなる空欄をうめて完成させる問題です。今回は一日のはじまりにシャワーを浴びながらオレンジを食べるという習慣をもつ女性に対するインタビューです。

(1) 「毎朝 Mathilde はオレンジを食べながら何をしますか」という質問です。Mathilde は 1 つ目の発言で、Tous les matins, je mange une orange sous la douche.「毎朝、私はシャワーを浴びながらオレンジを食べます」と言っています。ここでは sous la douche「シャワーを浴びている」という前置詞を用いた表現が用いられています。文頭の Elle につづく 1 つ目の空欄には動詞が入ることが予想されますので、「シャワーを浴びる」という表現に用いる動詞を知っているかどうかが問われています。もちろんこれは prendre une douche ですから、空欄にはそれぞれ prend と douche が入ります。むずかしくはない問題ですが、質問を聞き取れなかったのか、読まれるテクストの内容から Elle (*mange*) une (*orange*). とおそらくあてずっぽうで入れた解答がひじょうに多く見られました。質問が「オレンジを食べながら何をしますか」なのですから、これでは答えになりません。得点率は順に 32%、45%でした。

(2)「Mathilde はいつから朝食時にオレンジジュースを飲んでいましたか」という質問です。Mathilde は 2 つ目の発言で、Depuis mon enfance, je buvais du jus d'orange au petit-déjeuner, [...]「子どものころから、私は朝食時にオレンジジュースを飲んでいました」と言っています。1 つ目の空欄には son が、2 つ目の空欄には enfance が入ります。得点率はそれぞれ 68%、89%でした。1 つ目のほうが得点率が低いのは、Mathilde の発言そのままに、所有形容詞を *mon* としてしまった解答が少なくなかったためです。

(3)「どうして Mathilde は彼女の新しい習慣が気に入っているのですか」という質問です。Mathilde は 3 つ目の発言の前半で、Avec la vapeur chaude, les odeurs d'orange se répandent dans toute la salle de bain.「熱い湯気といっしょに、オレンジの匂いが浴室いっぱいに広がります」と言っています。ここでは発言の表現をそのまま使うことができますので、1 つ目の空欄には vapeur、2 つ目の空欄には odeurs が入ります。ただ、いずれも正しいつづりで書けていない誤答が多く見られ、得点率は順に 39%、38%でした。

(4)「浴室を出るとき、Mathilde はどのように感じますか」という質問です。Mathilde の 3 つ目の発言の後半は、Ça sent très bon et ça me donne de l'énergie pour affronter les difficultés de ma journée.「それはとてもいい匂いがして、一日の困難に立ち向かう活力を私にあたえてくれます」というものです。1 つ目の空欄には énergie が、2 つ目の空欄には difficultés が入ります。この問題も、つづりのまちがいによる誤答がめだちました。1 つ目のほうは *energie* とアクサンがないもの、2 つ目のほうは *difficulté* と単数形にしたものが代表的な例です。得点率は 53%と 61%でした。

(5)「Mathilde によれば、彼女の新しい習慣のもうひとつの利点は何ですか」という質問です。Mathilde は最後の発言で、En mangeant sous la douche, je ne me salis pas les doigts quand j'épluche mon orange.「シャワーを浴びながら食べると、オレンジを剥くときに指が汚れません」と言っています。発言で使われているのは代名動詞 se salir です。これは se laver や se brosser などと同様に、「定冠詞＋身体の部分」をつづけて「自分の身体の部分を～する」という表現でよく用いられる代名動詞です。ですから 1 つ目の空欄には活用形の salit が、2 つ目の空欄には doigts が入ります。否定の表現であったためか、もしくはse salirという動詞自体に耳なじみがなかったのか、得点率はひじょうに低く、12%と19%にとどまりました。2つ目の空欄については*doits*というつづりの誤りも多く見られました。

聞き取り1全体の得点率は46%でした。

解答 (1) (prend) (douche)　(2) (son) (enfance)
(3) (vapeur) (odeurs)　(4) (énergie) (difficultés)
(5) (salit) (doigts)

2

(読まれるテキスト)

Je suis musicien. Depuis un an, avec ma femme Sarah et notre chien, je parcours les routes d'Algérie à bord d'un petit camion. Nous nous arrêtons dans les villages pour donner un concert aux habitants. Nous n'annonçons pas notre arrivée à l'avance. Nous arrivons souvent la nuit, nous dormons dans le camion et nous sommes debout tôt le matin. Nous nous rendons d'abord au milieu du village pour rencontrer les gens. Puis, nous allons à la mairie pour demander la permission de jouer sur la place deux ou trois jours plus tard. En général, nous recevons facilement l'accord des responsables locaux.

Notre camion est à la fois notre maison et notre scène de concert. Nous y transportons tous les instruments dont nous avons besoin : deux violons, un violoncelle et une guitare.

Au total, nous avons parcouru un millier de kilomètres et visité 73 villages. C'est dur de trouver le temps de créer de nouveaux morceaux, parce qu'il faut pratiquer tous les jours les différents instruments. Cependant, notre but n'est pas de composer à tout prix de la musique originale. Nous voulons juste que les gens passent un bon moment en nous écoutant.

Même si nous n'avons pas de loyer à payer, nous ne sommes pas riches. Mais pour l'instant, cette vie nous plaît trop pour que nous pensions en changer.

（読まれる内容について述べた文）

un : Avec sa femme et son chien, Mohammed a déjà voyagé en Algérie pendant deux ans.

deux : Mohammed et Sarah préviennent toujours les habitants de leur arrivée.

trois : Quand Mohammed et Sarah arrivent dans un village, ils dorment jusqu'à midi le lendemain.

quatre : Mohammed et Sarah donnent leurs concerts deux ou trois jours après leur arrivée.

cinq : Les concerts de Mohammed et Sarah ont lieu dans des salles de spectacle.

six : Jusqu'ici, Mohammed et Sarah ont visité plus de 70 villages.

sept : Mohammed et Sarah ont peu de temps pour composer de nouveaux morceaux.

huit : Avec leur musique, Mohammed et Sarah cherchent seulement à faire plaisir aux gens.

neuf : Leurs concerts rapportent beaucoup d'argent à Mohammed et Sarah.

dix : Mohammed et Sarah sont satisfaits de leur façon de vivre.

解説 ある程度の長さの文章と、その内容について述べた設問文を聞き取り、後者の内容が前者と一致するかどうか判断する問題です。今回の文章は、アルジェリア国内の村をトラックでまわる音楽家の話です。

(1)「妻と犬といっしょに、Mohammed はアルジェリア国内をすでに2年間旅している」。本文第2番目の文には、Depuis un an「1年前から」とありますので、設問文は本文の内容と一致しません。得点率は高く、97%でした。

(2)「Mohammed と Sarah は、いつも住民たちに彼らの到着を予告する」。本文第4番目の文には、Nous n'annonçons pas notre arrivée à l'avance.「私たちは到着を前もって知らせません」とありますので、説明文は本文の内容と一致しません。得点率は69%でした。

(3)「Mohammed と Sarah は村に到着すると、翌日の正午まで眠る」。本文第5番目の文には、村に到着したあとの話として[...] nous sommes debout tôt le matin.「私たちは早くから起床しています」とありますので、説明文は本文の内容と一致しません。得点率は高く、89%でした。

(4)「Mohammed と Sarah は、彼らの到着から2、3日後にコンサートをおこなう」。本文第6番目の文では Mohammed と Sarah がまず村の中心部に行って人々と会うことが述べられており、第7番目の文には、Puis, nous allons à la mairie pour demander la permission de jouer sur la place deux ou trois jours plus tard.「それから、私たちは村役場に行って2、3日後に現地で演奏をおこなう許可を求めます」とあります。説明文は本文の内容と一致します。得点率は83%でした。

(5)「Mohammed と Sarah のコンサートは劇場で開催される」。本文第9番目の文には、Notre camion est à la fois notre maison et notre scène de concert.「私たちのトラックは私たちの家であり、コンサートの舞台です」とありますので、説明文は本文の内容と一致しません。得点率は高く、89%でした。

(6)「現在まで、Mohammed と Sarah は70以上の村を訪れた」。本文第11番目の文には、Au total, nous avons parcouru un millier de kilomètres et visité 73 villages.「合計すると、私たちは約 1000 キロを走りまわり、73 の村を訪れました」とあります。説明文は本文の内容と一致します。得点率は 61%でした。

(7)「Mohammed と Sarah は新しい曲を作曲する時間がほとんどない」。本文第 12 番目の文には、C’est dur de trouver le temps de créer de nouveaux morceaux, parce qu’il faut pratiquer tous les jours les différents instruments.「新しい曲を作る時間をみつけるのは大変です、毎日ちがった楽器を練習しなければなりませんから」とありますので、説明文は本文の内容と一致します。得点率は 63%でした。

(8)「Mohammed と Sarah が彼らの音楽でしたいことは、人々に喜びをあたえることだけである」。本文第 14 番目の文には、Nous voulons juste que les gens passent un bon moment en nous écoutant.「私たちはただ人々が私たちの音楽を聴いて楽しい時間を過ごしてほしいだけなのです」とありますので、説明文は本文の内容と一致します。得点率は 81%でした。

(9)「Mohammed と Sarah のコンサートは彼らに多くの金銭をもたらす」。本文第 15 番目の文には、Même si nous n’avons pas de loyer à payer, nous ne sommes pas riches.「私たちには払う家賃はありませんが、金持ちではありません」とあります。説明文は本文の内容と一致しません。得点率は高く、92%でした。

(10)「Mohammed と Sarah は彼らの生き方に満足している」。本文第 16 番目、最後の文には、Mais pour l’instant, cette vie nous plaît trop pour que nous pensions en changer.「ですが今のところ、この生活に私たちはひじょうに満足しているので、それを変えようとは思いません」とあります。説明文は本文の内容と一致します。得点率は 86%でした。

聞き取り 2 全体の得点率は 81%でした。

解答　(1) ②　(2) ②　(3) ②　(4) ①　(5) ②
(6) ①　(7) ①　(8) ①　(9) ②　(10) ①

1次試験配点表

筆記試験	1	2	3	4	5	6	7	8	小計	書き取り	小計	聞き取り	1	2	小計	計
	10点	5	5	10	5	16	15	14	80		20		10	10	20	120

2 次 試 験

解　説

2 次試験の問題はすべて **A**、**B** 2 つのテーマからなり、どちらか 1 つを選択します。**A** は政治や経済、社会などに関する時事的な問題、**B** はより日常的、一般的な話題を扱ったものです。今回出題されたテーマは以下の組み合わせでした。どの組み合わせが受験者に手渡されるのかは、試験直前までわかりません。

1. **A)** 日本では、いくつかの大企業が週休 3 日制を導入しました。これについてどう思いますか。
   B) 日本では、芸術家が社会問題に対して発言をすることがほとんどないようです。これについてどう思いますか。

2. **A)** この夏、オリンピックがパリで開かれるのはあなたにとって嬉しいことですか。
   B) 近年、日本においてもタトゥーをよく目にするようになっています。これについてどう思いますか。

3. **A)** フランスでは、CO2 排出削減のために、飛行機の短距離国内線の運行が政令で禁止されています。この措置に効果はあると思いますか。
   B) 日本の学校の、髪形や髪の色に関する校則についてどう思いますか。

受験者は、面接の 3 分前に 1. ～3. のいずれかのテーマが書かれた紙を渡され、面接が始まるまでに **A**、**B** いずれかを選んでそのテーマについての考えをまとめておきます。入室後、面接委員（通常、フランス人と日本人の計 2 人）が氏名などに関してフランス語で簡単な質問をしますので、フランス語で答えてください。そのあと、選んだテーマについて 3 分間の exposé をおこない、つづいて、それに対する質疑応答が面接委員との間でおこなわれます（全体で約 7 分）。

面接委員による総合評価は以下の3点を軸にすえておこなわれます。

⑴ 受験者のexposéの内容と構成、議論の展開における論理性、適切な具体例の提示による説得力。

⑵ 面接委員からの意見や反論に的確に答え、自分の意見を展開できるインターラクティブなコミュニケーション能力。

⑶ 受験者のフランス語の質（発音、文法、語彙力、表現力など）。

受験者の全体的な傾向として、あたえられた主題について、一貫して賛成か反対かのいずれかの立場に立って意見を述べようとする傾向が強いようです。これについては、フランスの学校教育における「ディセルタシオン」の伝統をまず意識してみましょう。ディセルタシオンとは、あたえられた問題について、まず賛成の立場をとる人の論拠、次に反対の立場をとる人の論拠を示したうえで、最後にそれらを総合して自分の考えを述べるというひとつの形式です。このような訓練を受けてきたフランス人面接委員にとって、物事のあるひとつの側面にしか目を向けられていない口頭発表はどこかものたりない、意見として成熟していない印象をあたえるようです。たとえば、**1. A)** の週休3日制の問題については、制度を導入することによる従業員と会社側双方の利点（たとえば柔軟な働き方の選択、ストレスの軽減、離職率の低下など）がある一方、すべての企業が制度を導入できるか、給料の維持は保証されるか、あるいは総労働時間の減少をおぎなうためのシステムは十全であるか、といった複数の問題点も指摘できるでしょう。このようにメリット・デメリットの双方をあげたうえで、最終的に自分がどちらの立場に立つのかを示すとよいでしょう。また、関連する事例をフランス語で書かれた時事的テクストで読んだことがあれば、多面的な考察という点でもおおいに役立つはずです。充実した発表を準備するには、日ごろから新聞や雑誌で議論されている問題に意識を向け、そこで用いられている語彙や表現をメモするなどして積極的に覚えていくことが求められます。

3分間で自分の意見を述べるというのは、なかなか大変なことです。過去に出題されたテーマや、これから出題されそうなテーマについて、自分がどのような議論を展開することができるか、フランス語で文章にまとめてみることもよい訓練になるでしょう。なお、『仏検公式ガイドブック　セレクション　準1級』では、複数年の過去問を見ることができます。ぜひ参照して、たくさんの問題に取り組み、自信をもって試験にのぞんでください。

学校別受験者数一覧

2023 年度春季　　＜大学・短大別出願状況＞

出願者数合計が 10 名以上の学校を抜粋しました（50 音順）。

	学 校 名	合計		学 校 名	合計		学 校 名	合計
団体	愛知県立大学	20	団体	金城学院大学	21	団体	獨協大学	45
	愛知大学	19	団体	慶應義塾大学	155	団体	富山大学	18
団体	青山学院大学	65	団体	国際教養大学	29	団体	長崎外国語大学	20
団体	跡見学園女子大学	25	団体	順天堂大学	14	団体	長崎大学	21
団体	茨城キリスト教大学	12	団体	上智大学	82	団体	名古屋外国語大学	22
	岩手大学	14	団体	昭和女子大学	29	団体	奈良女子大学	11
団体	宇都宮大学	12	団体	白百合女子大学	60	団体	南山大学	18
団体	大阪教育大学	16	団体	成城大学	30		日本女子大学	21
団体	大阪大学	29	団体	聖心女子大学	21	団体	日本大学	29
団体	お茶の水女子大学	25	団体	西南学院大学	13	団体	広島大学	20
	香川大学	22		大東文化大学	21	団体	フェリス女学院大学	16
団体	学習院大学	91	団体	中央大学	89	団体	福岡大学	24
団体	金沢大学	19		筑波大学	14	団体	法政大学	44
	関西大学	31		津田塾大学	19		北星学園大学	13
	関西学院大学	57	団体	帝京大学	20	団体	武蔵大学	54
団体	関東学院大学	11	団体	東海大学	25	団体	武蔵野美術大学	16
団体	京都外国語大学	35		東京大学	51	団体	明治学院大学	121
団体	京都産業大学	35		東京都立大学	11	団体	明治大学	125
団体	京都女子大学	13	団体	同志社女子大学	10		横浜国立大学	18
団体	京都大学	13		同志社大学	26	団体	立教大学	89
団体	共立女子大学	43		東北大学	106	団体	立命館大学	54
	近畿大学	15		東洋大学	43	団体	早稲田大学	150

2023 年度春季　＜小・中・高校・専門学校別出願状況＞

出願者数合計が 5 名以上の学校を抜粋しました（50 音順）。

	学 校 名	合計		学 校 名	合計		学 校 名	合計
団体	アサンプション国際中学校・高等学校	36		慶應義塾湘南藤沢中・高等部	5	団体	浜松学芸中学・高等学校	6
団体	埼玉県立伊奈学園総合高等学校	37	団体	神戸海星女子学院中学・高等学校	7	団体	福島県立福島南高等学校	12
団体	大妻中野中学校・高等学校	35		神戸国際中学校・高等学校	14	団体	雙葉中学校・高等学校	12
	学習院女子中・高等科	10	団体	岩手県立不来方高等学校	7	団体	北海道札幌国際情報高等学校	11
団体	カリタス女子中学高等学校	65	団体	白百合学園中学高等学校	62	団体	神奈川県立横浜国際高等学校	29
	神田外語学院	5	団体	聖ウルスラ学院英智高等学校	40	団体	立命館宇治中学校・高等学校	29
団体	暁星国際流山小学校	10	団体	聖ドミニコ学園中学高等学校	13	団体	埼玉県立和光国際高等学校	5
団体	暁星中学・高等学校	40	団体	日本外国語専門学校	10	団体	早稲田大学高等学院	10

2023 年度秋季　＜大学・短大別出願状況＞

出願者数合計が 10 名以上の学校を抜粋しました（50 音順）。

	学　校　名	合計		学　校　名	合計		学　校　名	合計
団体	愛知県立大学	27	団体	神戸大学	35	団体	常葉大学	20
	愛知大学	20	団体	国際教養大学	32	団体	獨協大学	60
団体	青山学院大学	95	団体	駒澤大学	11	団体	富山大学	18
団体	秋田大学	13	団体	静岡県立大学	11	団体	長崎大学	24
団体	亜細亜大学	24		島根大学	136	団体	名古屋外国語大学	33
団体	跡見学園女子大学	34	団体	順天堂大学	186	団体	奈良女子大学	19
団体	茨城キリスト教大学	38	団体	上智大学	99	団体	南山大学	25
	岩手大学	15	団体	昭和女子大学	48		日本女子大学	19
団体	愛媛大学	28	団体	白百合女子大学	97	団体	日本大学	54
団体	大阪教育大学	29	団体	椙山女学園大学	11	団体	広島修道大学	12
団体	大阪大学	53	団体	成城大学	102	団体	広島大学	20
団体	お茶の水女子大学	50	団体	聖心女子大学	71	団体	フェリス女学院大学	19
	香川大学	15	団体	西南学院大学	28	団体	福岡女子大学	27
団体	学習院大学	142		専修大学	21	団体	福岡大学	72
団体	金沢大学	23	団体	創価大学	13	団体	法政大学	49
	関西大学	33		大東文化大学	29		北星学園大学	21
	関西学院大学	66	団体	拓殖大学	105		北海道大学	15
団体	関東学院大学	11	団体	中央大学	129	団体	武庫川女子大学	77
団体	九州産業大学	14		中京大学	17	団体	武蔵大学	55
団体	九州大学	36		筑波大学	10	団体	武蔵野美術大学	20
団体	京都外国語大学	60		津田塾大学	31	団体	明治学院大学	100
団体	京都産業大学	115	団体	帝京大学	33	団体	明治大学	198
団体	京都女子大学	14	団体	東海大学	41		名城大学	48
団体	京都大学	12		東京女子大学	13	団体	山形大学	59
団体	共立女子大学	46		東京大学	53		横浜国立大学	10
	近畿大学	20		東京都立大学	11	団体	立教大学	233
団体	金城学院大学	32		同志社大学	19	団体	立命館大学	76
団体	慶應義塾大学	399		東北大学	156		琉球大学	15
団体	甲南大学	10		東洋大学	86	団体	龍谷大学	10
	神戸市外国語大学	10		徳島大学	10	団体	早稲田大学	249

2023 年度秋季　＜小・中・高校・専門学校別出願状況＞

出願者数合計が 5 名以上の学校を抜粋しました（50 音順）。

	学　校　名	合計		学　校　名	合計		学　校　名	合計
団体	アサンプション国際中学校・高等学校	11	団体	暁星中学・高等学校	47	団体	東京女子学院中学校高等学校	8
団体	埼玉県立伊奈学園総合高等学校	30	団体	慶應義塾高等学校	11	団体	日本外国語専門学校	14
団体	大妻中野中学校・高等学校	67		慶應義塾湘南藤沢中・高等部	5	団体	雙葉中学校・高等学校	13
団体	カリタス小学校	45	団体	神戸海星女子学院中学・高等学校	41	団体	東京都立三田高等学校	9
団体	カリタス女子中学高等学校	61		神戸国際中学校・高等学校	7	団体	明治大学付属中野八王子中学校・高等学校	8
	神田外語学院	5	団体	岩手県立不来方高等学校	8	団体	神奈川県立横浜国際高等学校	20
団体	東京都立北園高等学校	11	団体	湘南白百合学園中学・高等学校	7	団体	立命館慶祥中学校・高等学校	7
団体	暁星国際小学校	9	団体	白百合学園中学高等学校	110	団体	早稲田大学高等学院	74
団体	暁星国際中学・高等学校	8	団体	聖ウルスラ学院英智高等学校	27			
団体	暁星国際流山小学校	9	団体	聖ドミニコ学園中学高等学校	9			

文部科学省後援

実用フランス語技能検定試験

2024年度版1級・準1級

仏検公式ガイドブック

定価　3,190円
（本体2,900円＋税10％）

2024年4月15日 発行

編　　者
発 行 者　公益財団法人　フランス語教育振興協会

発行所　　公益財団法人　**フランス語教育振興協会**
〒102-0073 東京都千代田区九段北 1-8-1 九段101ビル 6F
電話（03）3230-1603　FAX（03）3239-3157
https://apefdapf.org
発売所　　（株）**駿　河　台　出　版　社**
〒101-0062 東京都千代田区神田駿河台 3-7
電話（03）3291-1676（代）　FAX（03）3291-1675
http://www.e-surugadai.com
ISBN978-4-411-90306-8　C0085　￥2900E